Süße Stücke

Ausgesuchte Cafés im Südwesten

Jutta & Daniel Höllstin

Gesucht, gefunden

Auf der Suche nach unseren Lieblingsorten waren wir kreuz und quer im Südwesten unterwegs. Zwischen Ober- und Hochrhein, Schwarzwald und Bodensee haben wir Wohnzimmercafés und elegante Salons, besondere Konditoreien und urbane Treffpunkte gesucht und gefunden. Wir haben engagierte Amateure, begnadete Handwerker und Exoten entdeckt. Wir sahen Torten und filigrane Teilchen, Gastlichkeit und Leidenschaft, Licht und Schatten.

Wir können nicht jedem Geschmack und allen Cafés gerecht werden. Gastfreundschaft, Qualität und Atmosphäre waren uns wichtig. Noch wichtiger waren uns Gastgeber, die mit Leib und Seele dabei sind. Ein gut geführtes Café bereichert jede Gemeinde. Viele unserer Empfehlungen eignen sich zudem als Beginn oder krönender Abschluß einer Tour im Grünen.

Cafés und süße Stücke erzählen von Land und Leuten, von Liebe und Leidenschaft. In diesem Sinne bitten wir zu einer anregenden Runde im Südwesten in 43 Stationen. Mögen sich Begegnungen, Ausflüge und süße Momente zu einem reichen Bild fügen.

Elegantes Refugium – Café König, Baden-Baden

Café König

Institution in Baden-Baden

Der erste Blick Wer *das König* nicht kennt, kennt Baden-Baden nicht – hört man jedenfalls unter Stammgästen und Baden-Baden-Verstehern. Das Café König bietet seit über 100 Jahren Gelegenheit zum Auskosten dessen, was Kaffeehaus-Kultur und Baden-Badens Legendenschatz ausmacht. Und wie seit 100 Jahren bleibt stets die Frage, ob die süßen Stücke in den Auslagen oder das opulente Publikum zum Hauptprogramm der Veranstaltung zählen.

Auf den ersten Blick wirkt die Adresse eher vornehm zurückhaltend, die Eingangszone mit der Verkaufstheke ist überschaubar und gediegen. Erst dahinter öffnet sich der Café-Salon mit allem, was dazugehört und dazukam, zwischen Fin de Siècle und Jahrtausendwende. Warme Farben, dämpfender Teppichboden, Kronleuchter- und Kaminsims sorgen für Armsessel-Atmosphäre.

Dazu passen die Gäste mit Tradition und Illusion. Reife Galane treffen im König auf junge Hoffnung. Hier ein Tisch mit Einstecktuch und dem vertrauten Knistern einer gedruckten

Nimm zwei – Kuchentheke Café König

Zeitung, dort einer im Lichte des Smartphones. Es gibt wenige Orte, an denen Personal und Stimmung Baden-Badens in so bunter Mischung zueinander finden. Baden-Baden ohne König wäre wie Wien ohne Fiaker. An beiden Orten sind Publikum und Zeitbudget freilich nicht mehr wie früher. So wirkt das König wie ein Wackelbild: mal mondän, mal modern, immer unterhaltsam.

Im Sommer lädt die windgeschützte Innenhofterrasse ein, hier wäre ein Logenplatz, um Publikum auf der Lichtentaler Straße aus der Halbdistanz zu betrachten.

Heiß und kalt, süß und salzig Das Café König gehört zum international renommierten Confiserieunternehmen Gmeiner mit einem Stammhaus in Oberkirch, Produktion und Confiserie-Direktverkauf sind in Appenweier; weitere Gmeiner-Filialen in Südbaden gibt es u.a. in Offenburg, Freiburg (S. 125) und Konstanz.

Selbstverständlich folgt das Flaggschiff König in Baden-Baden dem so einfachen wie anspruchsvollen Gmeinerschen Kurs „Höchste Qualität." Zum täglichen Kuchen- und Torten-

Im Warteraum der Poesie – Café König

angebot zählen gut 25 Modelle. Auch Schokolade, Pralinen, Kleingebäck und Petits Fours sind in selten breiter und qualitativer Auswahl zu haben. Gmeiner gehört zur Vereinigung führender Patissiers *Relais Desserts,* die sich zur Elite der Zukkerbäcker zählt.

Besonders ist der *Afternoon-Tea,* er wird täglich ab 14 Uhr serviert. Es gibt Orange-Scones (nach einem Rezept des Londoner Kaufhauses Harrods) mit Clotted Cream und Erdbeerkonfitüre, dazu Sandwiches mit Käsecreme, Tomaten und Gurken und zum Abschluss Petit Fours, Fruchtfours und Macarons. Dazu wird Tee nach Wahl serviert und auch da hängt die Messlatte hoch. Das Teehaus Kusmi, 1867 in St. Petersburg gegründet, später nach Paris umgesiedelt, steht für Tee-Tradition im Haus.

Im Café König gibt es aber nicht nur Süßes. Täglich sorgen drei Köche dafür, daß eine kleine Küche mit überwiegend regionalen Zutaten auf den Teller kommt. Erfreulich, daß die Restaurant-Karte auch Klassiker wie Wiener Schnitzel und Würstchen mit Kartoffelsalat bietet. Vorspeisen wie Tafelspitz-Sülze

Als Wellness ein Fremdwort war – Wandschmuck im Friedrichsbad

oder Räucherlachs mit Blinis gehören ebenso zur Auswahl wie Quiches und Omelettes, auch ein Räucherforellen-Filet wird bei kleinem Appetit zwischendurch serviert.

Stadt, Land, Oos Während seiner Blütezeit im 19. Jahrhundert galt Baden-Baden als Sommerhauptstadt Europas. Bis heute sorgt das besondere Flair der handlichen Kurstadt für illuster-internationales Publikum. Die 2,3 Kilometer lange Lichtentaler Allee längs der Oos gilt bis heute all jenen, die ein Talent zum absichtslosen Gehen haben, als Muster einer prächtigen Promenade. Auch als Ort für die Illusion vom Leben als Parkspaziergang, nicht nur zur Krokus- und Rosenblüte. In Glanz und Abglanz von Nostalgie und Gaslaternen atmet der Mensch einfach anders.

Auch die Kolonaden vor Trinkhalle, Spielbank und Kurhaus (dort die zu Gmeiner gehörende Confiserie Rumpelmayer) sind einen Blick wert. Osteuropäische Damen tragen hier gerne Pelz, neues Geld kombiniert Turnschuhe zu Goldschmuck.

Mutter aller Promenaden – Lichtentaler Allee, Baden-Baden

Süße Stücke – Hasenmeeting im Café König

Gleich nebenan Für den perfekten Tag in Baden-Baden könnte die Kaffeehaus-Kultur im König mit einem Bad im historischen Friedrichsbad kombiniert werden. Das repräsentative
Gebäude im Stil der Gründerzeit galt in der zweiten Hälfte
des 19. Jahrhunderts als eines der prächtigsten Badehäuser
Europas. Es bietet eine Abfolge von 16 Bade-, Tauch- und
Schwitzstationen im Römisch-Irischen Stil, dazu fayencege-
schmückte Kuppelgewölbe, stuckverzierte Schmucksäulen
und ein zentrales Marmorbecken unter einer 18 Meter hohen
Gewölbekuppel. Bis heute herrscht in den Hallen eine event-
freie Atmosphäre, die nichts mit dem Getöse in modernen
Freizeitbädern gemein hat.

Café König, Friedrichsbad, Lichtentaler Allee – eine Stadt,
drei Orte und ein Programm, das für einen Tag im mondänen
Abseits genügen sollte.

Café König, Lichtentalerstraße 12, 76530 Baden-Baden; Tel. 07221-
235 73, chocolatier.de; täglich geöffnet.

Im Salon – Café König

Enges Tal, weiter Blick – im Rebland bei Bühl

2

Burg Windeck

Patisserie und Panorama bei Bühl

Der erste Blick Wie auf dem Kalenderblatt – in engen Kehren führt die schmale Zufahrt durch idyllisches Rebland bergan. Oben angekommen nimmt einem die Sicht auf Rheintal und Vogesen fast die Sprache. Bei klarem Wetter ist das Straßburger Münster zu sehen, dessen Südturm zwar geplant, aber nie gebaut wurde. Burg Windeck wurde gebaut, aber bereits Ende des 14. Jahrhunderts durch einen Brand zerstört; neben der Ruine und noch innerhalb des Mauerrings thront die Gastronomie über den steilen Rebhängen.

Die beiden gepflegten Terrassen mit Tischen auf großen Sandsteinplatten, Platanenschatten, Buchs-Rabatten und Laternen im Kurbad-Stil bieten zusammen 120 Sitzplätze. Der grandiose Rheintalblick läßt sich auch vom geräumigen Restaurant aus genießen, die Tische stehen alle direkt an den großen Panoramafenstern. Erfreulich im Inneren ist, daß die Einrichtung sachlich klar und ohne Schnörkel daherkommt, was man im Anblick der rustikalen Burgumgebung außen zunächst nicht unbedingt erwarten würde.

Ausflugsziel mit Perspektive – Burg Windeck

Pächter und Chefkoch Rolf Fischer, ein gebürtiger Ortenauer mit Wanderjahren in der internationalen Sternegastronomie, leitet den Betrieb auf der Burg seit 2009. Der Gast wird von einem freundlichen jungen Service-Team empfangen und fühlt sich gleich willkommen und umsorgt.

Heiß und kalt, süß und salzig Das Torten- und Kuchenangebot auf Burg Windeck genießt inzwischen legendären Ruf. Vor dem Eingang hängt ein Banner mit der Aufschrift: „Kaffee und Kuchen auf der Burg" und Fotos der Haus-Spezialitäten wie „Schwarzwälder à la Windeck", eine Abwandlung des Klassikers aus weißer und dunkler Mousse au Chocolat.

Verantwortlich für Qualität und beeindruckende Vielfalt des Angebots ist Rolf Fischers Ehefrau, aus Dortmund stammend und vom Chef „meine süße Fee" genannt. 12 Sorten, darunter vier Torten, sind täglich frisch im Angebot, zusätzlich 2-3 weitere als Tagesempfehlung. Dabei kennt die Kreativität der leidenschaftlichen Kuchenbäckerin keine Grenzen. Wer zum Beispiel eine Kürbis-Krokant-Torte probieren möchte, ist auf

Dunkle Versuchung – Trüffeltorte auf Burg Windeck

Burg Windeck richtig. Neben Köstlichkeiten wie der Trüffeltorte sind auch feine Obstkuchen je nach Saison zu haben, außerdem Klassiker wie Käsekuchen und Linzertorte.

Wer zu Vesperzeiten eher etwas Deftiges schätzt, kann aus der feinen Küche von Rolf Fischer aus einem kleinen Angebot wählen, das von der Tomatensuppe über Wurstsalat bis zum Garnelensalat reicht.

Land und Leute Wenn Besuch kommt, gehen Bühler oder Rastätter gerne auf die Burg Windeck zu Kaffee und Kuchen. Von hier oben läßt sich mit Stolz auf die Heimat schauen. Wanderer und Mountainbiker kehren ebenfalls gerne ein. Familien mit kleinen Kindern kommen auch wegen des Spielplatzes und der Freizeitanlage direkt am Fuß der Burgruine. Und schließlich genießen Übernachtungsgäste die einzigartige Lage der Liegenschaft, die 21 Hotelzimmer bietet.

Gleich nebenan Sehr zu empfehlen ist eine kleine Rundwanderung in exponierter Höhenlage, dazu gibt es einen Walderlebnispfad mit Start und Ziel an der Burg. Auf 3,6 km und 178

Die salzige Alternative – Vesperstube auf Burg Windeck

Höhenmetern bietet der Weg immer wieder schöne Aussichten mit einem Höhepunkt auf dem Bühler Stein (517 m).

Die Route der *Badischen Weinstraße* verläuft im Süden von Burg Windeck landschaftlich besonders reizvoll über Neusatz, Sasbachwalden und Kappelrodeck-Waldulm; sie könnte eine lohnende Zugabe einer Kaffeefahrt gen Burg Windeck sein.

Das Extra Urig vespern kann man auf der Burg Windeck im originellen Ambiente der Vesperstube *Pferdestall*, die gleich neben dem eigentlichen Burgrestaurant liegt. Im ehemaligen Stallgebäude konnten bis vor einigen Jahren noch Rennpferde ihren Ruhestand verbringen. Die Räume sind mit Fotos und Jockey-Ausrüstungen von anno dazumal dekoriert und so weht eine Prise Iffezheim auch auf den Burgberg.

Burg Windeck, Hotel und Restaurant, Kappelwindeckstraße 104, 77815 Bühl, burg-windeck.de; Tel. 07223-94920; täglich geöffnet.

Café und Restaurant, Hotel und Panorama – Burg Windeck

Gelungene Konversion – Illenau, Oberachern

3

Illenau Arkaden

Integratives Café-Bistro in Achern-Oberachern

Der erste Blick „Tief unten am Fuße der höchsten Bergwand im nördlichen Schwarzwald, der Hornisgrinde, die den melancholischen Mummelsee trägt, hat die badische Regierung in den Jahren 1837-1842 eine Musteranstalt für Geisteskranke und Nervenleidende errichtet." So beschreibt der Dichterpfarrer Heinrich Hansjakob die Lage der einstigen „Heil- und Pflegeanstalt" Illenau in seinen Tagebuchblättern *Aus kranken Tagen*. Der Kinzigtäler Geistliche war während einer depressiven Phase Anfang des Jahres 1894 Patient in der Illenau und er lobte die Anstalt wegen ihrer für damalige Verhältnisse humanen Therapieformen.

Das Ensemble mit weitem Umschwung wurde vom Weinbrenner Schüler Hans Voss in klassizistischem Stil erbaut. Bis 1940 war die Illenau eine Heilanstalt, nach dem zweiten Weltkrieg wurde die Liegenschaft bis 1994 vom französischen Militär als Kaserne genutzt. Seit 2010 arbeitet die gesamte Stadtverwaltung von Achern in der Illenau. Hinzu kamen Werkstätten, ein Festsaal, das Arkaden-Bistro und das Museum mit einer

Vergangenheit neu belebt – Café-Bistro Illenau

Dauerausstellung zur Geschichte der Illenau, die von einem lokalen Förderkreis betreut wird.

Serviceleiter Enrico Brunn führt das integrativ konzipierte Bistro-Café souverän. Brunn ist in einem Hotelbetrieb in Bruchsal aufgewachsen, er hat Erfahrung mit integrativen Konzepten in der Gastronomie, was Mitarbeitern und Gästen zugute kommt. Das Innere des Bistros mit Kreuzgewölbe und Sandsteinsäulen erinnert an ein klösterlich geprägtes Umfeld, auch die Außenbewirtung unter Arkaden hat besonderen Reiz. Trotz der bedrückenden Vergangenheit empfängt einen das Café der Illenau heute mit heiter-gelassener Atmosphäre. In Oberachern ist man stolz, einen Ort mit Vergangenheit mit einem Konzept von heute zu beleben.

Heiß und kalt, süß und salzig Alle Torten und Kuchen im Illenau-Café kommen von *Böckeler* mit Stammhaus in Bühl. Die bestens eingeführte Traditionskonditorei agiert inzwischen in der dritten Generation, es gibt auch Böckeler Cafés in Karlsruhe und Baden-Baden. Der Gast kann täglich aus einer breiten

Frühstück unter Arkaden – Innenhof der Illenau

Auswahl an Torten und Kuchen in weithin bekannter Original-Qualität wählen. Die Illenau wird als einzige Gastronomie in Achern von Böckelers beliefert. Dauergebäck wird vom Bistro-Team selbst gebacken.

Frühstück gibt es von 9 bis 11 Uhr in besonders breiter Auswahl unter anderem als Vitalfrühstück, Genießerfrühstück (mit Räucherlachs und Garnelencocktail) und Männerfrühstück (Weißwürste und Hefeweizen aus der Renchen-Ulmer Brauerei Bauhöfer). Die Bistrokarte bietet Suppen nach Saison, Salate und Flammkuchen sowie Hauptgerichte wie Steak vom Schwarzwälder Weiderind, Kalbsrahmgeschnetzeltes, Kräuter-Semmelknödel mit Pilzragout. Beliebt ist der *Illenau-Burger*, für dessen Pattie Schwarzwälder Rindfleisch frisch gewolft wird. Auch die Ravioli werden selbst hergestellt, auf Frische und Regionalität wird Wert gelegt.

Land und Leute Durch die gelungene Konversion der Illenau entstanden Räume und Treffpunkte für die Bevölkerung der viertgrößten Stadt des Ortenaukreises. Die Gastronomie wird

Station am Gedächtnisweg – Waldfriedhof Illenau

von den Einheimischen angenommen, Damen treffen sich zur Kaffeetafel, es gibt Familienfeste, Feriengäste kommen in die Illenau, wenn der Rummel am Mummelsee lästig wird.

Gleich nebenan Stimmungsvoll ist ein Spaziergang entlang des *Illenauer Gedächtnisweges*, beginnend am Hauptgebäude in Richtung Sasbachwalden. Am Weg informieren Tafeln über Historisches, die Route erreicht nach wenigen Minuten den denkmalgeschützten Waldfriedhof, auf dem Patienten und Ärzte der Illenau bestattet wurden. Grabinschriften erinnern an Menschen aus ganz Europa; in der Parklage imponiert Baumbestand aus aller Welt.

Das Extra Für Feiern ist die Illenau ein beliebter Ort. Die außergewöhnlichen Räumlichkeiten können samt Catering gebucht werden. Kostenfreie Parkplätze direkt am Eingang sind ausreichend vorhanden.

Illenau Arkaden gGmbH, Illenauer Allee 75, 77855 Achern, Tel. 07841- 681 24 45, illenau-bistro.de; Di bis So 9 - 22 Uhr, Mo Ruhetag.

Feiern unter Kreuzgewölbe – Bistro-Café Illenau Arkaden

Ein Schlag Elsass im Rebland – Sasbachwalden

4

Gasthaus Bischenberg

Ausflugsziel im Rebland von Sasbachwalden

Der erste Blick Als „Weindorf mit Schwarzwaldflair" wirbt Ferienort Sasbachwalden um Gäste. Tatsächlich hat es etwas, wie sich der Ort an die Westflanke der 1.164 Meter hohen Hornisgrinde schmiegt. Außergewöhnlich auch, wie hier Nadelwälder, Rebberge und akkurat geschniegeltes Fachwerk zusammenkommen. Sasbachwalden pflegt seine historische Substanz, die Fachwerk- und Geranienfülle ist beachtlich.

Der Einfluß aus dem Elsass – der Ort stand über Jahrhunderte unter Herrschaft von Straßburger Bischöfen – ist im Ortsbild bis heute unverkennbar. Es wartet konzentrierte Idylle, Gasthaus an Gasthaus, 380 Winzer bewirtschaften für die Genossenschaft „Alde Gott Winzer Schwarzwald" 266 Hektar Rebland.

Auf halber Höhe der Landstraße 86, die nach Osten in Richtung Schwarzwaldhochstraße und Mummelsee führt, thront das Gasthaus Bischenberg auf einer Sonnenterrasse. Diese bie-

Ausflugsziel mit Geschichte – Gasthof Bischenberg

tet ein beeindruckendes Panorama über das Rheintal bis zum Vogesenkamm. 1842 erbaut, war der Bischenberg zunächst ein Bauernhof mit einer einfachen Ausflugs-Schankwirtschaft. Seit 2009 wirtet Familie Petermann auf dem Fachwerkhaus; neben dem Hotel- und Gasthausbetrieb gibt es noch die Schokoladenmanufaktur und einen Schwarzwald- und Souvenirladenladen mit handgefertigten Produkten.

Heiß und kalt, süß und salzig Sowohl in der gepflegten Gaststube als auch auf der Aussichtsterrasse können Ausflügler Kaffee und Kuchen im traditionellen Stil genießen. Klar, daß die Schwarzwälder Kirschtorte in der Vitrine an vorderster Front steht. Das Kirschwasser dazu stammt aus der hauseigenen Brennerei. Auch Käsekuchen, Obstkuchen nach Saison, Beerentorten und Käsesahne sind hausgemacht und täglich frisch im Angebot.

Tafel für Tafel handgeschöpft

A propos Schwarzwälder Kirsch: die regionale Berühmtheit ist im Bischenberg auch als Tafelschokolade zu haben – in den Varianten dunkel oder hell. Überhaupt ist die Auswahl an handgeschöpften Schokoladen, die aus hochwertiger Couvertüre hergestellt werden, überraschend groß bis exotisch. Himbeer-Rose, Waldbeere-Veilchen, Badische Traube, Blumenwiese, und, und, und. In der „gläsernen Manufaktur" können Besucher bei der Produktion zusehen.

Land und Leute Wo einst Straßburger Bischöfe ihre Sommerfrische genossen haben, kann es so ungastlich nicht sein. Der Bischenberg ist seit jeher ein Ausflugsziel, die unübersehbare Lage direkt an der Zufahrt zur Schwarzwaldhochstraße B 500 ist prädestiniert für Auto- und Bustouristen, die Idylle eines versteckten Winkels darf man also nicht erwarten.

Mitten im Bilderbuchschwarzwald – Gaishölle bei Sasbachwalden

Gleich nebenan Auch Wanderer und Mountainbiker kehren gerne im Bischenberg ein. Die spektakuläre Sasbachwaldener Mountain-Bike Arena zählt mit sechs Kilometern Länge zu den bekannteren Abfahrts-Trails in Deutschland.

Der Wanderweg *Gaishölle Wasserfälle* führt über gut fünf Kilometer und 255 Höhenmeter durch ein Stück reizvoll-urwüchsigen Bilderbuchschwarzwald. Parkmöglichkeiten unten

in Sasbachwalden beim Freibad an der Talstraße 53; nächste Wanderwegweiser: „Sasbachwalden Kurhaus" (250 m) und Sasbachwalden Minigolf (275 m)ebenfalls nahe der Talstraße.

Am oberen Ende der Wasserfälle und damit viel näher beim Gasthaus Bischenberg liegt der Parkplatz/Wanderwegweiser „Gaishölle oben" (493 m, an der L 86 zwischen Hörchenberg und Bischenberg.

Ausgehen und Einkehren – Sasbachwalden und Bischenberg >

Das Extra Für Gäste mit Gluten-Unverträglichkeit bietet das Gasthaus Bischenberg eine Karte mit glutenfreien Angeboten; auch alle Produkte der Schokoladenmanufaktur sind gluten-frei.

Außerdem gibt es einen Weihnachtsmarkt mit glutenfrei-en Produkten, er findet am ersten Adventswochenende statt und lockt alljährlich mehrere Tausend Besucher. Es darf ge-schlemmt werden im tannengrünen Schwarzwälder Buden-zauber bei Crêpes, Waffeln und Weihnachtsgebäck in großer Auswahl.

Gasthaus Bischenberg mit Schokoladenmanufaktur & Schwarzwald-laden, Bergstraße 23, 77887 Sasbachwalden; Tel. 07841-3383; gast-haus-bischenberg.de; mit Gästezimmern auf 3-Sterne-Niveau. Ruhetage im Restaurant Montag und Dienstag.

Zuckerbäckerstil am Zuckerbergschloß

Zuckerbergschloß

Nostalgie bei Kappelrodeck

Zum Jahresende 2021 ging das langjährige Pächter-Ehepaar John und Elfriede Golsteijn in den Ruhestand. Es ist geplant, die gemeindeeigene Immobilie an neue Gastgeber zu verpachten.

Der erste Blick Umgeben von einem Park mit Rhododendron-Hainen, Rotbuchen, Ginko- und Tulpenbäumen thront das Zuckerbergschloß über der Acher. Der Blick geht übers Tal auf die Weinberge am gegenüber liegenden Langenberg und zur berühmten Rotweinlage *Hex vom Dasenstein* mit 190 Hektar Rebfläche.

Die verspielte Villa mit einer Granitfassade wurde 1889 von Eugen Drollinger erbaut. Der bayrische Hofoberbaurat war seinerzeit auch für die Instandhaltung der berühmten Königsschlösser von Ludwig II. verantwortlich. So sorgte das Zuckerbergschloß für etwas Neuschwanstein in der Ortenau.

Gleich wann und wie es auf dem Schloß weitergeht, der Ort hat etwas. Kappelrodeck wirbt mit dem Slogan *Rotweindorf im Schwarzwald*; die fachwerksatte Gemeinde ist – ähnlich Sasbachwalden (vgl. S. 25) – allein schon wegen ihrer Lage

Nostalgie in Porzellan – im Zuckerbergschloß 2021

zwischen steilen Reblagen einen Ausflug wert. Fachwerkhäuser prägen das historische Ortsbild, die Schwarzwaldhochstraße ist keine halbe Autostunde entfernt. Bisher wurde das Zuckerbergschloß in erster Linie von Feriengästen und Passanten besucht.

Gleich nebenan Trotz der derzeit noch offenen gastronomischen Zukunft, als Ausgangspunkt für Touren im Achertal eignet sich der Parkplatz beim Zuckerbergschloß allemal.

Der Qualitätswanderweg *Kappelrodecker Hexensteig* führt aussichtsreich über die mystischen Höhen und Wälder zwischen Kappelrodeck und Waldulm; nächste Wanderwegweiser direkt beim Zuckerbergschloß (240 m); sowie am Weg Richtung Ganseck: Zuckerbergpark (247 m).

Eine weitere Rundwanderung mit Panoramen führt vom Zuckerbergschloß zur Benzmühle (10,7 km, 270 Höhenmeter), am Weg liegen mehrere Obstbrennereien.

Zuckerbergschloß (Neuverpachtung 2022), Grüner Winkel 60, 77876 Kappelrodeck, zuckerbergschloss.de.

Start und Ziel am Hexensteig – Zuckerbergschloß

Gehäkelt und geweißelt – Café Lager

Café Lager

Romantik, Fachwerk und Natur in Neuried-Altenheim

Der erste Blick Altenheim hat historische Substanz. Stolze Fachwerkgiebel sind bis heute ortsbildprägend in der seit alters her gut situierten Riedgemeinde, in der einst Tabakanbau für Wohlstand sorgte. Im Ortenauer Ried steht allerorten Fachwerk, aber eine solche Fülle an prächtig restaurierten historischen Hofgebäuden bieten wenig andere Gemeinden der Region.

Mitten im Ort fällt ein Gebäude optisch etwas aus der Reihe: die Fassade des ehemaligen Traditionsgasthauses *Zu den Drei Königen* wurde über und über mit aufgemalten Weinranken verziert. Ein ungewohnt verspieltes Dekor, das auffällt. Seit 2009 betreibt Karin Hartwig zusammen mit ihrem Sohn Christoph ihr Café mit der Leidenschaft einer gastronomischen Quereinsteigerin. Längst ist das markante Haus mit dem speziellen Ambiente zu einem überregional beliebten Kaffee- und Kuchenziel geworden.

Zwei Gasträume laden zur gemütlich-nostalgischen Land-

Schwarzwälder hoch, Obstkuchen frisch – Café Lager

partie auf patiniertem Fischgrätparkett. Tische und Stühle sind in weiß gehalten, ebenso die Häkel- und Leinentischdecken. Kronleuchter und ein Klavier geben dem hellen Landhaus-Ambiente Schmelz und Glanz.

Bei schönem Wetter wird auch im Innenhof des alten Anwesens serviert. Auf der Terrasse hinter dem Schopf laden ein paar Tische zur Auszeit in der Tiefe des ländlichen Raums.

Heiß und kalt, süß und salzig Sämtliche ihrer Torten und Kuchen bäckt die Gastgeberin täglich frisch. Zu den Bestsellern zählt der Käsekuchen, bei dem nicht mit Sahne gespart wird und für den Magerquark nicht in Frage kommt – was man beim ersten Bissen schmeckt. Trotz Vollfettstufe ist der Kuchen aber nicht „mastig", sondern locker-leicht. Der Saft von zwei Zitronen pro Einheit sorgt für Frucht und Frische – für den Käsekuchen kommen auch Gäste von Basel und Straßburg nach Altenheim.

Nicht weniger beliebt ist der Apfel-Mandelkuchen, den Karin

Fachwerk plus – Café Lager, Altenheim

nach einem Rezept ihrer Großmutter bäckt. Auf einen dünnen, buttrigen Mürbeteigboden kommen große Stücke saftig-säurefrischer Äpfel, obenauf knuspriger Mandelkrokant.

Überhaupt erfreut hier die kultivierte Auswahl an saisonalen Obstkuchen; wenn Steinobstzeit ist gibt es natürlich frischen Zwetschgenkuchen. Schokoladenkuchen, Linzertorte und Clafoutis gehören ebenfalls zu Karin Hartwigs Angebot. Und wer sich bei soviel Versuchung nicht entscheiden kann, nimmt die Trilogie: einen Teller mit drei kleineren verschiedenen Kuchenportionen. Obendrein gibt es noch eine Kugel Eis mit einem Schlag Sahne.

Land und Leute Altenheim mit knapp 4.000 Einwohnern hatte zu besten Zeiten über 20 Gasthäuser. Das Dorf- und Vereinsleben ist heute noch lebhaft, klassische Landgasthäuser verschwinden aber auch in den Riedgemeinden wie überall

Über Brücken mußt du gehen – Auenwildnispfad bei Altenheim

in der Provinz. Umso mehr schätzt auch die einheimische Bevölkerung einen so individuellen und behüteten sozialen Treffpunkt wie diesen.

Hartwigs haben zudem viele Stammgäste, die eine längere Anfahrt auf sich nehmen. Den Gastgebern ist der persönliche Kontakt besonders wichtig. Karin gerät ins Schwärmen, wenn sie erzählt, wieviel ihr der Austausch mit ihren Gästen bedeutet. Wir sehen, süße Stücke sind ein Jungbrunnen – die Gastgeberin ist ein Beweis mehr.

Die Kalorienbilanz läßt sich auf einer Ortsrunde optimieren. Die eingangs erwähnten Fachwerkhäuser, ihre Vor-, Ziel- und Küchengärten wirken natürlich mit Sommerflor am schönsten. Auch eine bemerkenswerte Kirche hat Altenheim zu bieten, sie wurde von dem Karlsruher Star- und Hofarchitekten Friedrich Weinbrenner (1766 -1826) entworfen und zählt zu den schönsten klassizistischen Kirchen Badens.

Blaue Stunde – am Yachthafen Altenheim

Gleich nebenan Etwa sechs Kilometer nordwestlich von Altenheim gibt es einen interessanten *Auenwildnispfad* durch die Rheinauen. Auf einer Rundtour von 2,5 km schlängelt sich der Weg über Pfade, Brücken und Holzstege durch das dschungeldichte Grün der Rheinauen (bei Hochwasser ist der Pfad nicht begehbar). Der nächstliegende Wanderparkplatz ist der beim *Europäischen Forum* am Rhein, beim Altenheimer Yachthafen 1; dort sind auch Info-Tafeln zu Wegen und Natur am Rhein.

Das 2019 eröffnete Forum-Gebäude mit Blick auf den Rhein beherbergt neben Büros, diversen Restaurants und Läden auch ein deutsch-französisches Theater. Das Forum wirbt mit dem Slogan „Willkommen in der Zukunft" und so ähnlich sieht der dunkle Baukörper im paneuropäischen Glasbetonmix auch aus. Uns hat es im Café Lager besser gefallen.

Café Lager, Kirchstraße 16, 77743 Neuried-Altenheim, cafe-lager.de; Tel. 07807-958 06 16. Öffnungszeiten: Mittwoch bis Sonntag 14 - 18 Uhr, Montag und Dienstag: Ruhetag.

Doppelherz – Karin und Christoph Hartwig

Aus Meisters Hand – Egbert Laifer an der Theke

7

Café s' Blaue Hus

Café und Schokoladenhandwerk in Nordrach

Der erste Blick Mitten im Ortenauer Luftkurort Nordrach, unweit der Pfarrkirche St. Ulrich, die mit ihrem 63 Meter hohen Turm schon an ein kleines Münster erinnert, fällt ein etwas schiefes Haus mit leuchtend blauer Fassade ins Auge. 2013 hat der gelernte Koch und Konditor Egbert Laifer hier seine Schokoladen-Manufaktur *Choco-L* eröffnet. Das Ladenlokal liegt im Erdgeschoss, die Räume des Cafés befinden sich seit 2020 im ersten Obergeschoss.

Das alte Haus wurde so aufwändig wie schonend renoviert. Erhaltenswerte Elemente wie die Holzdecke aus dem vorletzten Jahrhundert und der Original Dielenboden sorgen für eine heimelige Atmosphäre. Der Café-Gast hat die Wahl, er kann sich für eine der drei gemütlichen Kaffee-Stuben entscheiden. Da ist zum einen das Nähstüble, wo ein Sammelsurium von Nähutensilien und Fingerhüten aus Laifers Familiengeschichte dekorativ präsentiert wird.

Das *Blaue Zimmer* wartet mit edler Tapete und Antiquitäten auf. Die *Peter-Schell-Stube* schließlich ist nach dem Schauspie-

Unten Schockolade, oben Café – 's Blaue Hus, Nordrach

ler benannt, der in der SWR-Serie *Die Fallers* den Jungbauern Karl Faller spielt – Möbel und Biedermeier-Bilder erinnern an anno dazumal.

Heiß und kalt, süß und salzig Die Erfolgsgeschichte von Choco-L beginnt mit Laifers Erfindung der *Moospfaffkugel*, nicht zu verwechseln mit der Mozartkugel. Angelehnt an eine Sagengestalt der Region hat der gebürtige Nordracher aus Nougat, Walnußlikör, Waldhonig und Pistazien eine Spezialität und zugleich eine werbewirksame Hausmarke geschaffen. Weitere Verkaufsschlager sind die mit Nordracher Bränden gefüllten Pralinen. Auch bei seinen Torten im neuen Café setzt Konditor Laifer höchste Qualitätsmaßstäbe.

Das Erfolgsmodell Moospfaff mußte natürlich ins Tortenformat übersetzt werden, also kann der Gast ein dem bemoosten Waldboden nachempfundenes süßes Stück auch auf dem Kuchenteller genießen. Auch Klassiker wie Käsekuchen und Obstkuchen der Saison sind täglich im Angebot. Im Herbst bietet Laifer seinen Gästen zusätzlich Neuen Süßen mit diversen Quiches.

Blaues Zimmer im Blauen Haus

Land und Leute Nordrach trug einst den Beinamen *Badisches Davos*. Die große Zeit der Schwarzwälder Höhenkurorte, auch die der Lungensanatorien, ist zwar längst vorbei und doch atmet der Ort immer noch Geschichte. Nur einen Steinwurf vom blauen Haus entfernt steht der betagte Prachtbau der Rothschild-Klinik aus dem Jahr 1900.

Ausflugsgäste machen auch einen guten Teil der Kunden bei Egbert Laifer aus, einige reisen bis aus dem Elsass und der Schweiz an; unter Einheimischen ist die Adresse ohnehin ein Ziel. Der Gastgeber wollte mit seinem Betrieb ein Zeichen gegen das lokale Ladensterben setzen. Skeptiker im Ort gaben ihm zunächst keine große Chance, inzwischen beschäftigt Laifer sieben feste Mitarbeiter – wir sehen süße Stücke als Stützen lokaler Strukturen.

Gleich nebenan Im Jahr 1880 schloß Dr. Hope Adams Lehmann als erste Frau in Deutschland ein Medizinstudium ab; wer ihren Spuren nachgehen möchte, kann dies bergaufwärts im sechs Kilometer entfernten Ortsteil Nordrach-Kolonie. Im

Vielschichtig – Moospfafftorte im Blaue Hus

waldreichen Talgrund gründete die Medizinerin zusammen mit ihrem Mann Otto Walther 1891 eine Lungenheilanstalt. Frau Doktor legte damit zugleich den Grundstein für Nordrachs Entwicklung als Luftkurort und Lungenheilstätte. Alles Geschichte. Etwas patiniert, aber noch immer meistentags nebelfrei präsentiert sich der Ort bis heute. Mittlerweile schätzen Sommerfrischler und Wanderer das gemäßigte Klima der Nordracher Höhenlagen.

Empfehlenswert ist eine Tour auf dem *Obstbrennerweg*, der auf 20 Kilometern über die weiten Streuobstbestände im Tal führt, vorbei an Höfen mit aktiver Kleinbrennerei. Dort kann verkostet und gekauft werden. Dank Egbert Laifer ist der Obstbrennerweg auch in Pralinenform erhältlich. Nicht nur Klassiker wie Kirschwasser- und Williamstrüffel sind im Sortiment, auch lokale Spezialitäten wie Wildheidelbeer- oder Zwetschgenlikör dienen als Füllung.

Café s'Blaue Hus, Manufaktur Choco-L, Im Dorf 13, 77787 Nordrach, Tel. 07838-955 74 02, sblauehus.de. Öffnungszeiten von Donnerstag bis Montag 14 - 18 Uhr.

Durchatmen und umschauen – Nordrach Kolonie

Kuchenkompetenz an der Schiltach – Café Bachbeck

8

Café Bachbeck

Neustart einer Konditoreilegende in Schiltach

Der erste Blick Im historischen Zentrum der Fachwerk- und Flößerstadt Schiltach liegt das seit alters her hoch beliebte Café Bachbeck. Als Familienbetrieb 1906 gegründet, schloß das Haus Anfang 2020 und es war zunächst nicht klar, ob und wie der Traditionsbetrieb weitergeführt werden kann. Zum Glück für Freunde süßer Stücke engagierte sich der ortsansässige Unternehmer Philipp Grohe für den Erhalt des Traditionsbetriebes. Die ortsbildprägende Konditorei wurde saniert und 2021 wieder eröffnet.

Ein junges Team hat den Betrieb übernommen, es wurde von der scheidenden Belegschaft in Bachbecks Betriebslauf und die gehüteten Hausrezepturen eingeführt. Geleitet wird das Team von Geschäftsführer Holger Messer, einem Gastronomen durch und durch. Nach langen Jahren als Barchef in einem Schwarzwälder Wellness-Hotel fand er hier eine neue Aufgabe mitsamt Gästen, die er nach eigenen Worten braucht „wie die Luft zum Atmen".

Gediegen – Café Bachbeck, Schiltach

Das Bachbeck bietet eine Mischung aus Schwarzwald-Historie und gepflegter Bürgerlichkeit. Die Terrasse unter der glycinienberankten Pergola zur Bachstraße wäre ein Platz für den Eisbecher an heißen Tagen.

Heiß und kalt, süß und salzig Konstanz, Vielfalt und Qualität von Bachbecks Kuchensortiment waren ebenso legendär wie der Wochenend-Kuchentourismus nach Schiltach. Zu früheren Bachbeck-Zeiten galt der Käsekuchen als Spezialität der Konditorei, die bis nach Paris verschickt wurde. Mit 18 verschiedenen Kuchen und Tortenmodellen, die teils nach alten Originalrezepturen produziert werden, kann das neue Team den Erfolgskurs der Institution halten.

Sehr begehrt war einst ein Bachbeck-Apfelkuchen, für den die Äpfel in Butter geschmort und mit Mandelkrokant verfeinert wurden. Auch dieses Modell ist nach dem Neustart noch im Sortiment; ein direkter Vergleich mit dem Vorgänger war uns spät Gekommenen nicht mehr möglich, wäre aber sicher spannend. Wie Torten und Kuchen werden auch Pralinen und Trüffel in der hauseigenen Konditorei hergestellt.

Kleines Gedeck – Apfel-Krokant im Café Bachbeck

Stadt, Land und Leute Wochenendausflügler, Motorradfahrer, Radfahrer, Wanderer – die typischen Schwarzwald-Besucher sind auch zu Gast im Bachbeck und natürlich schätzen die Einheimischen die zweite Karriere ihres geliebten Tortentreffs nach dem jüngsten Neustart.

Schiltach wirbt mit dem Slogan „Die Stadt mit einem Herz aus Fachwerk." Ein Corso durch die kompakte Altstadt Schiltachs lohnt sich auf jeden Fall. Nach mehreren Bränden wurden die Fachwerkhäuser unter Aufsicht der beiden Renaissancebaumeister Beer und Schickhardt neu aufgebaut und einheitlich gegliedert. Stadtplaner und Architekt Schickhardt schrieb seinerzeit: „Und obwohl sie ungern nach abgesteckten Parzellen gebaut haben, so danken sie jetzt Gott, daß sie anstatt alter, baufälliger, übel geordneter Häuser und Gassen nun wohlgeordnete Häuser und Gassen haben."

Der historische Stadtkern um Marktplatz und Rathaus erinnert bis heute an die Zeit der Holzflößerei und den damit einhergehenden Wohlstand Schiltachs. Zwischen Straßburg und Rottweil an einem steilen Aufstieg an der Grenze zu Württem-

Historischer Markenkern – Schiltachs Fachwerkfassaden

berg gelegen, war Schiltach nicht nur für Flößer, sondern auch für Fuhrleute eine wichtige Station. Der historische Marktplatz wird gerahmt von einer langen Reihe steil aufragender Giebel, das beeindruckende Bild dient immer wieder als historische Kulisse für Fernsehserien à la Schwarzwaldklinik.

Schiltachs Jahrhunderte während Geschichte des Flößer und Gerber-Handwerks ist im *Schüttesäge-Museum* dokumentiert (Hauptstraße 1). Die Flößerei wurde von der Eisenbahn Ende des 19. Jahrhunderts verdrängt; von den 22 Gerbereien, die es um 1820 gab, produziert die *Gerberei Trautwein* noch heute Feinleder und Felle in 13. Generation (gerberei-trautwein.de).

Gleich nebenan In der Ortsbroschüre heißt es, „Von drei Seiten ist Schiltach weitläufig vom Ortsteil Lehengericht umgeben – auf dem Weg nach oben gelangt man zu lichten Höhen." Genau so ist es, beim Hochfahren das Aus- oder Absteigen nicht vergessen.

Konditorei Café Bachbeck, Bachstraße 1, 77761 Schiltach, Tel. 07836-396; Dienstag Ruhetag

Flößer und Gerber brachten Wohlstand nach Schiltach

Eine Zeitreise – Café Süßes Löchle, Lahr

9

Café Süßes Löchle

Denkmalgeschütztes Kleinod, Lahr

Der erste Blick Wer bei einem Kaffeehaus an ein historisches Kleinod denkt, sollte das Süße Löchle in Lahr besuchen. Das Stadtcafé wurde 1898 von Konditor Eugen Hildebrand eröffnet und 1921 im Art Déco Stil renoviert. Bis heute hat sich die Einrichtung nicht grundlegend verändert. Da das Ensemble, zu dem auch ein überdachter Innenhof und die ehemalige Backstube gehören, über die vielen Jahre in einem guten Zustand erhalten wurde, steht es seit 2005 unter Denkmalschutz.

So kann der Gast einen Ort mit Atmosphäre besuchen. Mit der Patina eines Jahrhunderts, eingelaufenem Parkett, Marmortischen, Holzvertäfelung, Seidentapeten, Gemälden aus der Region und Märchenmotiven in den bleiverglasten Fenstern zum Innenhof. Beim Betreten des Ladengeschäftes fällt gleich ein Prachtstück des Süßen Löchle auf, die historische mechanische Registrierkasse im Messinggehäuse.

Nach mehreren Pächter-Wechseln in der jüngeren Vergangenheit übernahm das Lahrer Ehepaar Heike und Eduard Neumann im Jahr 2020 das Süße Löchle. Die Ernährungsberaterin hat sich nach eigenen Worten in das Ensemble verliebt und

Platz zum Träumen – Süßes Löchle, Lahr

setzt nun alles daran, das historische Juwel zukunftsfähig zu
bewirten. Für die Außengastronomie haben die Neumanns
eine Sondergenehmigung erhalten, sie können zukünftig bis
zum angrenzenden Kino-Komplex Forum aufstuhlen. Von
draußen geht der Blick auf den Urteilsplatz mit dem Lahrer
Wahrzeichen: das spätgotische Alte Rathaus mit den markanten Arkaden und einer großen Freitreppe.

Heiß und kalt, süß und salzig Kuchen und Torten werden
allesamt von der Chefin produziert. Wer sich nicht zwischen
Apfel-, Rhabarber- und Schokoladenkuchen entscheiden kann,
bestellt eine Trilogie, die von jeder Sorte ein Probierstückchen
bietet. Daß die Erhaltung von historischer Substanz und ein
gleichzeitiger gastronomischer Aufbruch für Heike Neumann
kein Widerspruch ist, zeigt sie mit veganen Angeboten, die
bei jüngeren Gästen gut ankommen, darunter ein Zitronen-
Mohn-Kuchen.

Herzhaftes steht ebenfalls auf der Karte, etwa die hausgemachten Brotaufstriche, die mit frisch gebackenem Bau-

Wie früher – die historische Backstube wurde erhalten

ernbrot serviert werden, ebenso Tagessuppen und saisonale Quiches. Vormittags gibt es frisch gebackene Laugenbrezeln und Croissants.

Wer Kaffee bestellt, bekommt die Hausmischung „Süßes Löchle", serviert. Weitere Kaffee-Spezialitäten wie Cappuccino, Macchiato und Affogato sind natürlich ebenfalls im Programm, im Ladengeschäft gibt es über ein Dutzend Sorten zu kaufen, sie kommen von den Röstereien Kaffee Fredo in Neuenburg und von Burkart in Sasbach am Kaiserstuhl.

Die Teekarte bietet sieben Sorten, von frischem Ingwertee über einen Bio-Earl-Grey bis zu einem Weißen Tee.

Luft, Land und Leute Es gibt eingeborene Lahrer, für die das Süße Löchle seit ihren Schultagen und Freistunden zum Inventar der Stadt zählt, viele Gäste aus der Umgebung kommen des historischen Ambientes wegen.

Wer sich für Werkzeug und alte Gerätschaft des Back- und Konditorenhandwerks interessiert, wird die historische Backstube sehen wollen. Kindheitsmomente werden wach beim

Mundgerecht – Lektüre im Süßen Löchle, Lahr

Blick auf die eisernen Osterhasenformen, mit denen früher rote Zuckerhasen modelliert wurden.

Heike Neumann legt aber Wert darauf, daß ihr Publikum nicht nur aus Senioren besteht, sie trommelt aktiv unter Jüngeren für die Wertschätzung dieses einzigartigen historischen Beispiels von regionaler Kaffee- und Konditorei-Kultur. Posts auf Instagram, Facebook & Co zeigen, daß ihre Strategie aufgeht.

Das Extra Im ersten Obergeschoss des Süßen Löchle wurde die Wohnung der früheren Besitzer zur Event-Nutzung umgestaltet. Der *Blaue Salon* kann für private Feierlichkeiten angemietet werden und bietet Platz für 20 Personen. Ein spielbereites altes Klavier komplettiert den Raum mit seiner gediegen bürgerlichen Wohnzimmer-Atmosphäre.

Café Süßes Löchle, Friedrichstraße 14, 77933 Lahr; Tel. 07821-9966 440; cafe-suesses-loechle.de; Öffnungszeiten: Donnerstag bis Samstag 9.30 - 18 Uhr, Events und Feiern auf Anfrage.

Heute wie damals – Bleiglasfenster zum Lichthof

Feste Größe am Marktplatz Furtwangen

10

Café Mayerhöfer

Institution in Furtwangen

Der erste Blick Furtwangens lange währende Geschichte als Standort feinmechanischer Industrie prägt bis heute manchen Aspekt einer Kleinstadt im rauhen Hochschwarzwald. Aus der ersten deutschen Uhrmacherschule entwickelten sich Fach- und Fachhochschule, aus Uhrenhandwerk wurde Feinwerktechnik und Informatik. Wohnblocks und Fabrikfassaden im Stadtbild und moderne Industrie am Stadtrand (u.a. *S. Siedle & Söhne, Dold & Söhne, Ganter Norm*) stehen für den Strukturwandel einer Stadt, in der man nicht unbedingt ein traditionelles Kaffeehaus erwarten würde.

Umso mehr fällt die Fassade des Café Mayerhöfer am oberen Ende des Markplatzes auf, mit weiß abgesetzten Fenstergirlanden und sommerfrisch gestreiften Markisen. Den umliegenden Kebap-Fachgeschäften die Stirn bietend, steht das Traditionshaus auch für eine andernorts verschwundene Tugend. Kein Marktplatz ohne Kaffeehaus, hieß es einmal in jeder Stadt, die auf sich hält. In Furtwangen wird das Versprechen bis heute eingelöst.

Volle Besetzung – im Café Mayerhöfer, Furtwangen

Im Ladenlokal mit der reich bestückten Kuchentheke steigt die Vorfreude dank einer großen Auswahl an Torten, Obstkuchen, Gebäck und Pralinen. Im Café-Séparée gleich rechts nebenan erinnern historische Aufnahmen an die lange Geschichte der Institution Mayerhöfer: ein Foto aus dem Jahr 1910 (erinnert es nicht an ein Wiener Kaffeehaus?), oder die Ansicht anno 1968 im Sixties-Look hängen am Eingang. Bis heute wird der Gast mit einer satten Portion Retro-Charme empfangen, wozu auch Kakaopulver-Herzchen auf Milschaum gehören.

Feine Conditorei · Pralinen eigener Herstelli

Dazu paßt ein Service in Schwarz-Weiß, er wirkt zugewandt und in langen Jahren dem Betrieb verbunden. Die Seniorchefin kam einst aus Norddeutschland in den Schwarzwald, sie und ihr Mann führten das Mayerhofer über 50 Jahre. Mittlerweile hat Tochter Melanie Weißer übernommen, womit die Familientradition weiterlebt, dank des Engagements von Generationen.

Heiß und kalt, süß und salzig Die seltene Vielfalt an Torten und Kuchen kann zur Herausforderung werden, eventuell hilft

Vom Charme der Polstergarnitur – Café Mayerhöfer

ein zweiter Besuch. Nicht versäumen sollte man die Hausspezialität: ein Käsekuchen, dessen schneeweiße Füllung nicht gebacken, sondern gekocht wird. So entsteht ein spezieller Käsekuchen, sahnesatt und souffliert wie selten. Auch wegen dieser Variante einer Käse-Sahne werden immer wieder Autos mit WT- und OG-Kennzeichen in Cafénähe gesichtet.

Das Mayerhöfer kann aber nicht nur süß, sondern auch salzig: hausgemachte Flammenkuchen und Toasts stehen ebenso auf der Karte wie eine gute alte Bekannte namens Königinpastete, die hier perfekt ins nostalgische Set paßt. Stilvoll wird die obligatorische Worcestersauce auf dem Edelstahl-Tablett serviert, die Flasche in einem diskreten Mäntelchen aus poliertem Cromargan – ein stilvoller Imbiß aus der Zeit der Wirtschaftswunder.

Land und Leute Das Kaffeehaus ist als Treffpunkt in Furtwangen gesetzt. Vom Dozenten der Fachhochschule über älteres Stammpublikum bis zum jungen Paar, das ein spätes Frühstück nimmt, findet hier jeder seinen Platz.

Schokocreme in Retrolook – Spiegelsaal im Café Mayerhöfer

Gleich nebenan Nur einen Steinwurf entfernt befindet sich das Deutsche Uhrenmuseum mit einem Fundus von mehr als 8.000 Objekten. Der Besucher kann dort rund 1.000 Uhren und Exponate aus aller Welt sehen, sowie Geschichte und Kultur der Schwarzwälder Uhrmacher bestaunen.

Einen Ausflug wert ist der Hausberg Brend, auf 1.150 Metern Höhe hat man vom Aussichtsturm ein wunderbares Panorama inklusive Alpenblick. Über den Gipfel führt der Europäische Fernwanderweg E 1 vom Nordkap nach Sizilien, der sich in diesem Abschnitt mit dem Westweg Pforzheim-Basel deckt. Im Winter eignet sich das Revier um den Brend gut zum Ski-langlauf.

Das Extra Das Café hat mit dem Spiegelsaal ein Nebenzimmer, das für Gesellschaften bis zu 30 Personen gemietet werden kann.

Café Konditorei Mayerhöfer, Marktplatz 16, 78120 Furtwangen, Tel. 07723-7842; cafe-mayerhöfer.de. Ruhetag Montag.

Ofenheiß und krachdünn – Flammkuchen à la Muttersholtz

11

Les Brasseurs du Ried

Flammkuchen & Hausbrauerei in Muttersholtz-Ehnwihr

Der erste Blick Gleich ob man bei Sasbach den Rhein über-
quert oder mit der Autofähre von Kappel nach Rhinau übersetzt: vor Muttersholtz liegt erst einmal die weite, offene Ebene, das von stillen Gewässern durchflossene Elsässer „Grand
Ried". Die Hausbrauerei „Les Brasseurs du Ried" mit Bierstub
und Biergarten liegt neben der D 21 am Ortsrand von Enwihr,
direkt gegenüber das *Maison de la Nature du Ried*. Ein Seiten-
arm der Ill (La Blind) fließt von hier zu den idyllischen Auen
an der Ill.

Nach Jahren als Manager in Großbrauereien mit immer-
gleichen Bieren wollte Patron Pierre Sigwalt etwas Eigenes
machen. Sigwalts Verbundenheit mit der Heimat und ihrem
kulinarischen Erbe waren ihm Inspiration für sein Projekt.
Also verwandelte er 2016 sein Elternhaus und einen Bauernhof
nebenan in eine Hausbrauerei.

Die Bierstub' im ersten Obergeschoß gewährt durch eine
große Fensterfront den Blick auf die blanke Brauereitechnik.

Hybridgastronomie – taufrisches Bier und Flammkuchen

Auch der großzügige Gastraum wirkt klar und aufgeräumt. Elsass-Folklore und den sonst üblichen Nippes sieht man allenfalls als Zitat. Im hinteren Teil des Anwesens schließt sich ein Biergarten mit Blick auf das Naturzentrum Maison de la Nature an, gleich danach beginnt die Weite des Rieds.

Heiß und kalt, süß und salzig Flammkuchen gibt es im Elsass weit und breit, dünn und dick. Leider gibt es aber immer weniger Adressen, bei denen die Spezialität nicht aus der Tiefkühltruhe kommt. Da die Sigwalts aber nicht nur eine Bierstub, sondern auch Backstub und Ehre haben, wird hier frisch und von Hand gebacken. Dabei kommen die „Tartes Flambées" krachdünn und kross aus dem Ofen. So muss es sein! Auf der Karte stehen allein sieben salzige und zwei süße Varianten. Hausspezialität ist das Modell „Schnokeloch", den Schnokeloch-Kas darf man sich als „Cousin du Munster" vorstellen. Auch zu empfehlen, da ebenfalls explizit regional: „Au trois fromages", eine Kombination mit Ziegenkäse und „Tomme du Ried", einem halbfesten Tomme aus der Gegend.

Contra Virus – Coronabirus aus dem Grand Ried

Zum süßen Abschluß darf die Apfel-Zimt-Variante nicht fehlen – unbedingt mit Calvados flambiert bestellen. Die kleine Zeremonie am Tisch ist ein Highlight. Auch wer sonst gerne Riesling oder Gewürztraminer zum Flammkuchen trinkt, die Biere des Hauses passen hervorragend. Neben den drei Klassikern, einem Pils, einem Weizenbier und einem Dunkelbier, die ganzjährig im Angebot sind, braut Sigwalt auch Saisonspezialitäten. Für sein Weihnachtsbier verwendet er zum Beispiel karamelisierten Malz.

Gerne nimmt Sigwalt auch regionale Ereignisse als Anlaß für eine Sonderedition. So hat er für die Neueröffnung der Humanisten-Bibliothek im benachbarten Sélestat (Schlettstadt) ein Bier zu Ehren des Humanisten Beatus Rhenanus gebraut.

Auf seine moderne Kleinbrauerei mit den blitzenden Edelstahltanks ist Sigwalt stolz. Erst recht darauf, daß er hier seine Biere nach Gusto handwerklich herstellen kann und dabei Raum für neue Produkte bleibt, darunter *Coronabirus* mit dem Motto Dodo le Virus.

Aqua alta – an der Ill bei Muttersholtz

Land und Leute Elsässer Großfamilien kommen ebenso wie Elsass-Touristen. Das benachbarte *Maison de la Nature* existiert schon seit 1973, es war die erste Einrichtung dieser Art in Frankreich, Muttersholtz schmückt sich mit dem Titel „Capitale de la Biodiversité". Das Wasser für die Brauerei kommt übrigens direkt aus den Grundwasservorkommen des Grand Ried, es wird durch die Filterwirkung der Sand- und Kiesschichten im Rheintal zu reinem Brauwasser.

Gleich nebenan Ein Besuch in Muttersholtz beeindruckt besonders im Frühjahr, wenn die Ill wegen der Schneeschmelze Hochwasser führt. Die flachen Riedwiesen werden dann öfter mal komplett überschwemmt, was zu einem ungewohnten Landschaftseindruck führt.

Eine Bootsfahrt auf einem Holzboot von *Patrick Unterstock* wäre ein Motiv mehr für einen Ausflug ins Ried. Unterstock ist ein Nachbar von Sigwalt und der letzte Ill-Kahnbauer über-

Elsässer Barock in Reinkultur – Klosterkirche Ebersmünster

haupt. Auf seinen Touren erzählt er amüsante und ernste Geschichten, so erschließt sich das Grand Ried auf unterhaltsame Weise (batelier-ried.com).

Kulturhistorischer Höhepunkt der Kahnpartie ist die Abtei Ebersmünster. Die Klosterkirche (mit Silbermann-Orgel) ist eine der bedeutenden Barockkirchen Frankreichs.

Les Brasseurs du Ried, 32, Ehnwihr F-67600 Muttersholtz; brasseurs-du-ried.fr, Öffnungszeiten Bierstub: Montag, Dienstag, Mittwoch, Samstag und Sonntag 17 - 22 Uhr; Flammkuchen gibt es ab 18 Uhr

Biergarten: Im Juli und August täglich, im Juni und September wochenends von 12 - 19 Uhr. Brauer Pierre Sigwalt bietet auch Betriebsführungen an, die individuell buchbar sind.

Auf dem Präsentierteller – Süße Stücke in Sélestat

12

Le Fournil de Marcel Kientz

Traditionsbäcker mit Konditorei und Café in Sélestat

Der erste Blick Le Fournil, das Backhaus Kientz in der Altstadt von Sélestat (Schlettstadt), ist eine Kombination aus Bäckerei, Café und Bistrot. Schon beim Betreten des Fachwerkhauses mit der ochsenblutroten Fassade sind die Sinne gefordert. Ein Duft nach frisch Gebackenem kommt aus der Backstube, die Verkaufstheke ist erst recht Verheißung und Versuchung in einem. Zur Linken die Brotspezialitäten, daneben Patisserie in allen nur denkbaren Formen und Farben, ergänzt um Salziges und Deftiges.

Wer staunend an der Vitrine vorbeigeht, betritt danach den Gastraum, der gleichzeitig eine Kleinmuseum für Back- und Haushaltsgeräte ist. Kupferpfännchen, Fleischwölfe, Wiegemesser, Reiben, die Devotionalien könnten einen fast erdrükken. Hölzerne Decke und Wände, der Fliesenboden und das Mobiliar geben der Lokalität eine sehr rustikale Note – Elsassromantik in Reinkultur.

Das kulinarische Angebot macht das gestrige Ambiente aber mehr als wett. Zu all dem ist der Betrieb eine Institution: die

Elsässer Dreiklang – Eclairs von Marcel Kientz

Bäckerei Marcel Kientz existiert bereits seit 1752 (Napoleon Bonaparte war noch nicht geboren), sie wurde dann über 10 Generationen jeweils vom Vater an den Sohn übergeben. Somit ist die Bäckerei die älteste ihrer Art in Frankreich, worauf die Familie stolz sein darf ist. Resolut-freundliche Damen besorgen sowohl den Verkauf im Laden als auch den flotten Service im Café.

Heiß und kalt, süß und salzig Ein ungewöhnlich großes Angebot sorgt für die angenehme Qual der Wahl. Darunter Obsttörtchen im aparten französischen Format; die Vermicelles, Meringuen und gefüllte Windbeutel sehen hinreißend aus und schmecken auch so.

Erst recht unwiderstehlich sind die Eclairs, die mit Schoko-, Kaffee- und Vanillefüllung angeboten werden. Bei Meister Kientz sind die *Liebesknochen*, wie die französischen Teile in Deutschland genannt werden, locker und luftig. Die Füllung ist großzügig bemessen und sie schmeckt nach dem Original – nicht fettig, sondern cremig.

Beliebter Treff zum Mittagstisch – Le Fournil Kientz, Sélestat

Auch das salzig-deftige Angebot ist vielfältig. Allein die kleine runde Portions-Quiche gibt es als klassische Lorraine, sowie mit Thunfisch-Tomate und Gemüse. Zu Mittag vielleicht ein Poulet Rôti oder eine Scheibe Paté en Croute – Pastete im Teigmantel? Ein Besonderheit im Fournil ist der Mittagstisch zum kleinen Preis, den Chefin Jeannine Kientz täglich frisch kocht. Ein beliebtes Angebot, besonders unter Einheimischen.

Land und Leute Café und Bistro sind eine Art soziales Biotop. Die günstigen Preise, speziell auch für den Mittagstisch, machen das Lokal für Menschen mit kleinem Geldbeutel erschwinglich. Also ist hier ein Treffpunkt für die Nachbarschaft, auch viele ältere Leute kommen zusammen. Dazwischen Touristen, die hier noch ein Stück authentisches Elsass erleben.

Gleich nebenan Sélestat ist weit entfernt vom Geranien-und Weinstraßen-Overtourism in Riquewihr oder Kaysersberg. Das Städtchen wirkt in seinem historischen Viertel angenehm entspannt und authentisch. Zudem bietet Sélestat bedeutende

Schmeckt wie damals – Baguette von Kientz

Sehenswürdigkeiten: allen voran die neu renovierte Humanistenbibliothek, die dreitürmige romanische Klosterkirche Sainte Foy, sowie die gotische St. Georges-Kirche, die als kleine Kathedrale von Sélestat gilt. Alle drei Ziele liegen in Fußgängerdistanz zu Le Fournil de Kientz.

Das Extra Bäcker Marcel Kientz Senior ist vor einigen Jahren zum eigenen Müller geworden. Er wollte für sein berühmtes Baguette weiterhin Mehl in reinster Form, ohne Zusätze an Bleich- und Konservierungsmitteln. Als er das von den örtlichen Mühlen nicht mehr bekam, hat er sich das Mahlen kurzerhand selbst beigebracht. Den Weizen dafür bezieht er ausschließlich von einem Bauern vor Ort, er mahlt das Getreide in einer Mühle im benachbarten Ebersheim. Direkt neben der Mühle betreibt Familie Kientz einen weiteren Laden. Neben ihren Backwaren gibt es dort Lebensmittel aller Art, auch das Kientzsche Weizenmehl.

Le Fournil de Marcel Kientz, 9 Rue Pointcarré, F-67600 Séléstat, Bas-Rhin; Tel. +33 388 828 347; marcel-kientz.com; kein Ruhetag.

Eigenes Mehl ist Gold wert – Maitre Marcel Kientz

Alles auf Kirsche – Kirschencafé, Königschaffhausen

13

Kirschencafé

Hofcafé am Kaiserstühler Radrundweg, Königschaffhausen

Der erste Blick Um Endingen-Königschaffhausen ist Wein- und Kirschenland, mittendrin liegt der Obst- und Winzerhof von Familie Schmidt. Umgeben von Plantagen, abseits des Königsschaffhauser Ortskerns. Das Hofcafé wurde 2010 neu gebaut, schon bald danach wurde es zu einem beliebten Etappenziel auf dem Kaiserstuhl-Radrundweg.

Der funktional wirkende Neubau mit großer Freiterrasse, Betonsteinpflaster und Wohnmobilstellplätzen in langer Reihe ist sicher kein Romantikziel, aber ein Platz im Grünen, der bei schönem Wetter gerne besucht wird; breite Fensterflächen im Café sorgen auch im Innenbereich für Licht und Blick.

Im Gastraum befindet sich neben der beeindruckenden Tortenvitrine auch ein kleines Ladengeschäft mit hofeigenen Produkten, bei denen es vor allem um das Thema Kirsche geht. Die Chefin des Hauses, Nicole Schmidt führt das Café nach guter Landfrauenart mit Bodenhaftung und Leidenschaft. Ihre Verbundenheit mit der lokalen Kirschenkultur wurde bereits

Sahnestücke im Kirschencafé, Königschaffhausen

1996 belohnt, als sie zur Königschaffhauser Kirschenkönigin gekürt wurde.

Heiß und kalt, süß und salzig Blickfang des Cafés ist die Tortenvitrine, in der immer acht bis zehn verschiedene Modelle ausgestellt sind. Dabei dominieren opulente Sahnetorten, schon die Tupfer obenauf sind größer als sonst, frei nach dem Motto, kann denn Sahne Sünde sein.

Käsesahne, Eierlikörtorte und die obligatorische Schwarzwälder gehören ebenso zum Programm wie Käsekuchen und eine schöne Auswahl an Obstkuchen. Besonders gelungen schien uns der Mürbteig-Zwetschgenkuchen mit Streußeln, dünnem, gut ausgebackenem Teig und aromatischer Frucht. Für Veganer werden Schokoladen-, Zitronen-, Kirsch- und Apfelkuchen im Glas angeboten. Gebacken wird ausnahmslos selbst. Auch Vesper wie Flammkuchen und Wurstsalat stehen auf der Karte; zum Neuen Süßen im Herbst gibt es natürlich Zwiebelkuchen.

Kaiserstuhl ganz in weiß – Kirschblüte bei Königschaffhausen

Land und Leute Durch die günstige Lage am Kaiserstuhl-Radrundweg kommen sehr viele Radfahrer ins Kirschencafé. Die Wohnmobilisten des hofeigenen Stellplatzes nutzen natürlich auch die Möglichkeiten vor Ort. Besonders reizend ist es dort zur Zeit der Kirschblüte, ab Anfang April, wenn die langen Reihen in voller Blüte stehen. Das hat sich allerdings herumgesprochen, so daß zu dieser Zeit mit Andrang zu rechnen ist. Das Kirschencafé richtet auch kleinere Feierlichkeiten wie Familienfeste oder Brunch mit Freunden aus.

Gleich nebenan Von Königschaffhausen aus bietet sich ein Ausflug in den Kaiserstuhl an. Ein Besuch des Städtchens Endingen mit dem historischen Marktplatz lohnt in jedem Fall. Endingen wäre zudem ein idealer Ausgangspunkt für Touren ins Innere des Vulkangebirges. Nur ein paar Kilometer westlich des Kirschencafés liegt einer der schönsten Badeseen der Region, der Wyhler Baggersee. Mit dem Fahrrad sind Sie in 10 Minuten dort.

So geht Zwetschgenkuchen – Kirschencafé, Königschaffhausen

Das Extra An einem Sonntag im Monat gibt es ein Frühstücks-buffet nach Anmeldung. Familie Schmidt betreibt auf ihrem Hof einen Wohnmobil-Stellplatz, er war der erste direkt am Kaiserstuhl (das Konzept hat inzwischen Nachahmer gefunden). Es gibt dort 38 gepflegte Stellplätze zwischen Obstbäumen. Der Platz hat ganzjährig geöffnet, er wird regelmäßig mit Preisen ausgezeichnet.

Kirschenhof Schmidt, Kirschencafé, Königsweg 1, 79346 Königschaffhausen, Tel. 07642-9282845. Die Öffnungszeiten variieren je nach Saison, Details: kirschenhof-schmidt.de

Volles Format – Sahneschnitten im Kirschencafé

Landpartie im Brettental – Traudels Café

14

Traudels Café

Tortentempel in Freiamt-Brettental

Der erste Blick Tief im idyllischen Brettental, wenige Meter bevor die Kreisstraße 5137 den Wanderweg zum Freiamter Hausberg Hünersedel erreicht, liegt das Traditions-Café von Gertrud Reinbold. Seit Jahr und Tag gilt Traudels Café als gesetzte Tortenadresse im weiten Grün um Freiamt. Das gefällige Seitental am Brettenbach ist ein idealer Auslauf und Reinluftraum. Weite Wälder, saftige Weiden, Streuobstwiesen – eine Landschaft zum Runterkommen.

Modernisierungsverweigerer werden im Inneren von Traudels Café ihre Freude haben. Der schwelgerisch-barocke Landhaus-Stil war schon immer so, also bleibt er so. Auch das Nebenzimmer mit 30 Sitzplätzen sieht mit Leuchter und Standuhr aus wie eh und je – seit 1983. Bei schönem Wetter sitzt man auf der Gartenterrasse unter der karminroten Geranien-Pracht – der Bach rauscht, die Schwarzwälder strahlt. Die Damen im Mehr-Generationen-Service sind freundlich und zugewandt, also auf Zack.

Ohne Worte – Traudels Schwarzwälder

Heiß und kalt, süß und salzig Für Traudels Stammgäste ist die Frage nach der besten Schwarzwälder beantwortet. Erstbesucher und Zweifler sollten sich nicht von der beachtlichen Bauhöhe schrecken lassen. In Brettental gilt das Motto ‚Mehr ist mehr'. Man könnte auch von einem Markenkern sprechen, der für alle Torten aus Traudels Backstube gilt. Aus halben Sachen werden keine guten Torten, also kommt ausschließlich 35%iger Rahm in die Torte; sage und schreibe zwei Liter werden pro Werkstück aufgeschlagen.

Im Brettental gibt es aber nicht nur Schwarzwälder, Traudels Haustorte ist eine Weiterentwicklung der Schwarzwälder: gleiche Grundstruktur, zusätzlich kommen noch geröstete Haselnüsse zum Einsatz. Weiter im Programm: Käsesahne, Eierlikörtorte (der Eierlikör ist hausgemacht), Zitronensahne, Käsekuchen, Schmandkuchen, Zebrakuchen, zu guter Letzt eine besondere Schöpfung aus Bananen, Sahne und Kokos: *Kongo-Sahnetorte*. Die üppig belegten Obstkuchen entstehen

Gut gepolstert – Traudels Café, Freiamt-Brettental

je nach saisonalem Angebot. Bei aller Opulenz schmecken die Kuchen und Torten nicht so übersüßt, wie in vielen Konditoreien.

Berg, Land und Leute Eine Kaffeefahrt nach Freiamt gehört zu den bewährten Ausflugsritualen im Breisgau und seit Jahrzehnten schätzen Ausflügler das Original Traudels Café.

Die abwechslungsreiche Landschaft im Brettental bietet, wie im gesamten Freiämter Land, überaus reizvolle Wandermöglichkeiten. So verbinden viele Naturfreunde eine Tour mit der Kaffeeinkehr in Freiamt. Gleiches gilt für Radler, wobei die E-Bike-Quote in der Berg- und Tallandschaft zwischen Hünersedel (742 m), Kreuzmoos (712 m) und Schillinger Berg (724 m) noch höher als sonst erscheint.

Es bleibt die bange Frage: wie lange wird Traudel so weiterbacken können, wollen? Schon seit Jahren sucht Gertrud Reinbold würdige Nachfolger, die ihr Lebenswerk fortführen; bis jetzt hat sich noch niemand gefunden.

Fastenbrecher aus Freiamt

Gleich nebenan Ein Wanderparkplatz in Brettental liegt nur wenige hundert Meter weiter taleinwärts, hinter dem benachbarten Hotel Ludinmühle. Von hier führen zwei Routen zum *Hünersedel*, dem 742 Meter hohen Aussichtsgipfel bei Freiamt. Weitere 29 Meter führen auf den Aussichtsturm aus heimischem Douglasienholz. Die Plattform bietet ein beeindruckendes Panorama. Ende des 19. Jahrhunderts schwelgte Wilhelm Jensen in seinem Prachtband „Der Schwarzwald": „Der Hünersedel thront hoch in schweigender Einsamkeit über sein besonders nach Westen mit unermeßlichen Wäldern überdunkelten Gebiet. Er ist geradezu einer der besuchenswertesten Berge des Schwarzwaldes, einen der schönsten und eigenartigsten Rundblicke darbietend." Länge einer Rundwanderung ab Brettental: 12,6 km, 394 Höhenmeter.

Bleibt höchstens zu ergänzen, daß ein Blick in Traudels Kuchenvitrine ebenso bemerkenswert ist.

Traudels Café, Brettental 19, 79348 Freiamt-Brettental, Tel. 07645-1680; Montag bis Mittwoch 14 - 18 Uhr, Samstag und Sonntag 13 - 18 Uhr. Donnerstag und Freitag Ruhetag

Leben ist schön – Servicekraft in Freiamt

Kaffeetafel am Reichenbach

15

Mühlencafé

Auszeit im Grünen in Freiamt-Reichenbach

Der erste Blick Ein weites Gehügel zwischen Rheintal und Schwarzwald, mit reichlich Raum und Blick, Wasser, Wald und Ruhe. „Ein Dörflein nahe am Himmel" nannte Johann Peter Hebel Freiamt mit seinen weit verstreuten Ortsteilen. Naturnähe und Frischluft bietet auch das Freiämter Seitental am Reichenbach. Hans Mellert betreibt dort in sechster Generation die gleichnamige Mühle, sie ist seit 1826 im Familienbesitz. Die Mühle am Reichenbach ist allerdings noch viel älter, sie wurde erstmals 1567 urkundlich erwähnt.

Direkt über dem Mühlbach gelegen wurde das Mühlencafé zu einem wichtigen Betriebszweig neben der eigentlichen Mühle und einer Bäckerei mit Ladenlokal. Das Café ist in einem angebauten Wintergarten eingerichtet, Kronleuchter, weiße Leinentischdecken und weiße Möbel sorgen für Akzente in der ansonsten ländlich-rustikalen Umgebung des Mühlenanwesens. Der – je nach Sicht – wilde oder auch naturnahe

Nett drapiert – Säckchen auf Schnittchen

Gartenumschwung reicht bis an den Mühlbach. Er bietet 60 Außenplätze, darunter auch einige lauschig-sommerfrische Winkel.

Der Hausherr ist Müller und Bäcker in Personalunion. Hans Mellert lebt und belebt das Handwerk seiner Vorfahren mit Begeisterung und dem Stolz eines Menschen, der in langer Taditionslinie steht.

Heiß und kalt, süß und salzig Das Getreide der Mellert-Mühle wächst im nahen Umkreis, für alle Kuchen und Torten wird ausschließlich eigenes Mehl verarbeitet, beim Dauergebäck kommt nur Dinkelmehl zum Einsatz. Die Haustorte nimmt das Mühlenthema augenzwinkernd auf, sie ist obenauf verziert mit kleinen Mehlsäcken aus Marzipan, die Seiten sind mit Mühlrädern aus Nuss- und Mandelmasse geschmückt. Basis der Energiedepots sind Nussböden, gefüllt mit Buttercreme und Himbeermarmelade. Das hochkalorische Werk wird sodann noch mit Himbeergeist angereichert. Ebenfalls zu haben sind Käsesahnetorten mit verschiedenen Frucht- und Beerensorten, Obstkuchen mit Baiserhaube, außen knusprig und innen

Mehl von nebenan – Mellert Mühle, Freiamt-Reichenbach

weich, Schokotorten, auch ein opulenter Frankfurter Kranz ist im Sortiment. Für den kleinen Hunger auf Salziges gibt es eine eigene Vesperkarte.

Brot und Brötchen bekommen im Steinofen der Bäckerei eine besonders aromatisch-knusprige Kruste. Auch Nudeln werden bei Mellerts in Handarbeit produziert. Sämtliche Produkte, auch das Mehl, sind im Ladengeschäft erhältlich.

Land und Leute Obwohl der geborene Freiburger Neuland nördlich von Ikea und östlich von Hinterzarten eher selten erkundet, empfiehlt sich die Region um Freiamt als landschaftlich attraktives Ausflugsziel. Mit dem Fahrrad radelt man in einer guten Stunde von Freiburg über Sexau hinaus ins offene Land um Freiamt-Tennenbach, mit einem selten harmonischen Dreiklang von Bachlauf, Wald und Wiesen. Die Café- und Tortentempel-Konkurrenz in Freiamt ist bekanntlich groß (vgl. auch S. 87ff), trotzdem kann sich das Mühlencafé nicht über mangelnden Zuspruch beklagen. Als sommerfrische Rast auf einer Radtour sind die Plätze am Bach kaum zu übertreffen.

Höhenmeter, die sich lohnen – Freiämter Mühlenweg

Gleich nebenan Der Freiämter Mühlenweg verbindet die Mellert-Mühle mit der Schillingerhof-Mühle, die ebenfalls zu den historischen Mühlen im wasserreichen Freiämter Land zählt. Auf einem abwechslungsreichen Rundweg über 14,5 km Distanz und 588 Metern Höhenunterschied wechseln Berg und Tal, Brunnen und Bachlauf, Aussichtspunkte und Panoramen auf Keppenbach und Obersexau, sowie ins Elz- und Simonswäldertal; auch kürzere Wegvarianten sind möglich. Start und Ziel der Halbtages-Runde ist die Mellert-Mühle am Wegweiser Brettenbach (308 m), dort gibt es auch ausreichend Parkplätze.

Das Extra Gerne gibt Mühlenbäcker Mellert Traditionen und handwerkliches Können als Müller und Bäcker an interessierte Menschen weiter. Hierzu gibt es auch Führungen (nach Anmeldung). Unter Mellerts Anleitung haben schon Schulklassen Brot und Brezeln gebacken.

Mühlenbäckerei Mellert mit Mühlencafé, Mühlenweg 5, 79348 Freiamt, Tel. 07645-280; muehlenbaeckerei-mellert.de. Öffnungszeiten Café von 13 - 18 Uhr, Ruhetage Montag und Dienstag.

Am Mühlenweg, im Grünen – Schillingerhof Mühle Freiamt

Wiesenglück und Feldbergblick – in Schwärzenbach

Café Feldbergblick

Hochschwarzwald für alle Sinne in Schwärzenbach

Der erste Blick Schwärzenbach liegt nördlich von Neustadt, aber eigentlich liegen die verstreuten Häuser des kleinen Ortsteils nicht, sie schweben auf einer 1.000 m hohen Ebene und der nächstgelegene Wanderparkplatz heißt so schlicht wie treffend Hochebene. Rundum kerniger Hochschwarzwald mit satten Weiden, Panoramablick auf die Feldbergregion und Wolken, zum Greifen nah.

Das Traditionscafé, von Einheimischen nach der Wirtsfamilie „Das Vogelbacher" genannt, hat Geschichte. Um 1885 erbaut, diente das Gebäude zunächst als Schreinerei und Poliererei der Schwarzwälder Uhrenfabrik *Winterhalder & Hofmeier*. In den Dreißigerjahren des 20. Jahrhunderts erwarb der aus der Nähe Waldshuts stammende Theologie-Professor Meinrad Vogelbacher das stillgelegte Fabrikgebäude. Das Anwesen wurde nicht nur zum Stammsitz von Familie Vogelbacher, es diente in den Sommermonaten auch als Landschulheim für Vogelbachers Schüler und Studenten.

Es tickt und blüht – Café Feldbergblick

Das Café, rustikal-gemütlich eingerichtet, beherbergt als besondere Attraktion zahlreiche Stand- und Wanduhren von Winterhalder & Hofmeier; Seniorwirt Hubert Vogelbacher hat die prächtigen Stücke über die Jahre hinweg aus allen Teilen der Erde zurückgekauft.

Heute sitzt der Café-Gast inmitten eines privaten und ziemlich einzigartigen Schwarzwälder Uhren-Museums. Es tickt und tönt und wenn die Stunde schlägt, erklingt auch mal der Westminster-Schlag von Big Ben im Café Feldbergblick. Die Uhren sind versetzt gestellt, damit nicht alle gleichzeitig klingen. Zu jeder Uhr erfährt man dank einer kurzen Vita weitere interessante Details und damit auch etwas zur Globalisierung vor 150 Jahren: Schwarzwälder Uhren gingen seinerzeit in die ganze Welt und die Welt kam mit der Uhrenproduktion in den Hochschwarzwald.

Neben Uhren schmücken Ahnenporträts die Wände, der Holzboden knarzt, die Stimmung ist familiär, man kennt sich. Ein Sonnenbalkon, der über die Südfront reicht, bietet den

Süß & salzig – Herbsteinkehr im Café Feldbergblick

namensgebenden Blick des Cafés. Hier wäre einer der wenigen Plätze, die auch im Schwarzwälder Hochwinter einen Sonnenhock unter freiem Himmel erlauben.

Heiß und kalt, süß und salzig Unter den Hochschwarzwälder Kuchenzielen ist das Café Feldbergblick seit Jahr und Tag eine feste Größe. Zwischen 15 und 20 hausgemachte Kuchen und Torten sind täglich im Sortiment; an Sonn- und Feiertagen sogar bis zu zwei Dutzend Modelle, seit Jahrzehnten in konstanter Qualität. Gleich ob Schwarzwälder Kirsch, Punschtorte, Herrentorte, Käsekuchen, saisonale Obstkuchen, die tagesfrischen Kuchen der Vogelbachers sind legendär. Auch an Gäste mit Laktose-Intoleranz wird gedacht, es gibt für sie eigens gefertigte Obstkuchen.

Von den Anfängen des Cafés in den 1950er Jahren bis heute gibt es den Schlesischen Prasselkuchen, ein Streuselkuchen mit reichlich Zuckerguss obenauf. Der Kuchen ist eine Reminiszenz an die schlesische Heimat von Margarete Vogelbacher, die zusammen mit ihrem Mann Pirmin das Café und

Mit Ofenbank und Glockenschlag – Café Feldbergblick

den Pensionsbetrieb aufgebaut hat. Kalte Vesper und kleine warme Gerichte stehen ebenfalls auf der Karte. Im Herbst gibt es Zwiebelkuchen und Neuen Wein.

Berge, Land und Leute Mit seiner reizvollen Höhen- und Aussichtslage wird das Café Feldbergblick zum klassischen Ausflugsziel. Im Sommer kehren Wanderer und Radler ein, im Winter auch Skilangläufer. Das Loipenzentrum Schwärzenbach erschließt ein Netz von insgesamt 35 km gespurten Routen mit herrlichen Ausblicken, darunter eine leichte, einstündige Panorama-Spur.

Traditionell reicht das Einzugsgebiet des Cafés zur Baar hin, an einem Sonntagnachmittag sind auf dem Parkplatz mehr VS- als FR-Kennzeichen zu sehen. Die Familie fährt mit Oma und Opa zum „Schwarzwälder"-Festival nach Schwärzenbach.

Gleich nebenan Die nächsten Wanderparkplätze am Platzberg und auf der Hochebene (1.076 m) sind lohnende Ausgangs-

Himmlisches Wanderrevier – Hochebene bei Schwärzenbach

Landschaft zum Ablegen – bei Schwärzenbach

punkte für Rundwege und Ski-Langlauf. Der kleine Panorama-rundweg mit 4,7 km Länge wäre ein idealer Programmpunkt, um sich nach einer Torte die Füße zu vertreten – bei schönem Wetter mit Alpenpanorama.

Extra Die Pension im Hause bietet neben Einzel- und Doppel-zimmern mit Sonnenbalkon auch ein neu renoviertes Appartement im Erdgeschoss.

Eine weitere Besonderheit des Vogelbacher ist die *Märklin-Modelleisenbahnlandschaft*. Auf 32 Quadratmetern liegen 220 Meter Schienen, bis zu zwei Dutzend fahrende Züge sind zu sehen (3,50 € Eintritt, Kinder 2,50 €).

Café-Pension Feldbergblick, Schwärzenbach 19, 79822 Titisee-Neu-stadt, Tel. 07657-463; cafe-feldbergblick.de. Öffnungszeiten: Dienstag bis Sonntag 11 - 19 Uhr, Montag Ruhetag, wenn Feiertage auf den Montag fallen, ist montags geöffnet und Dienstag Ruhetag.

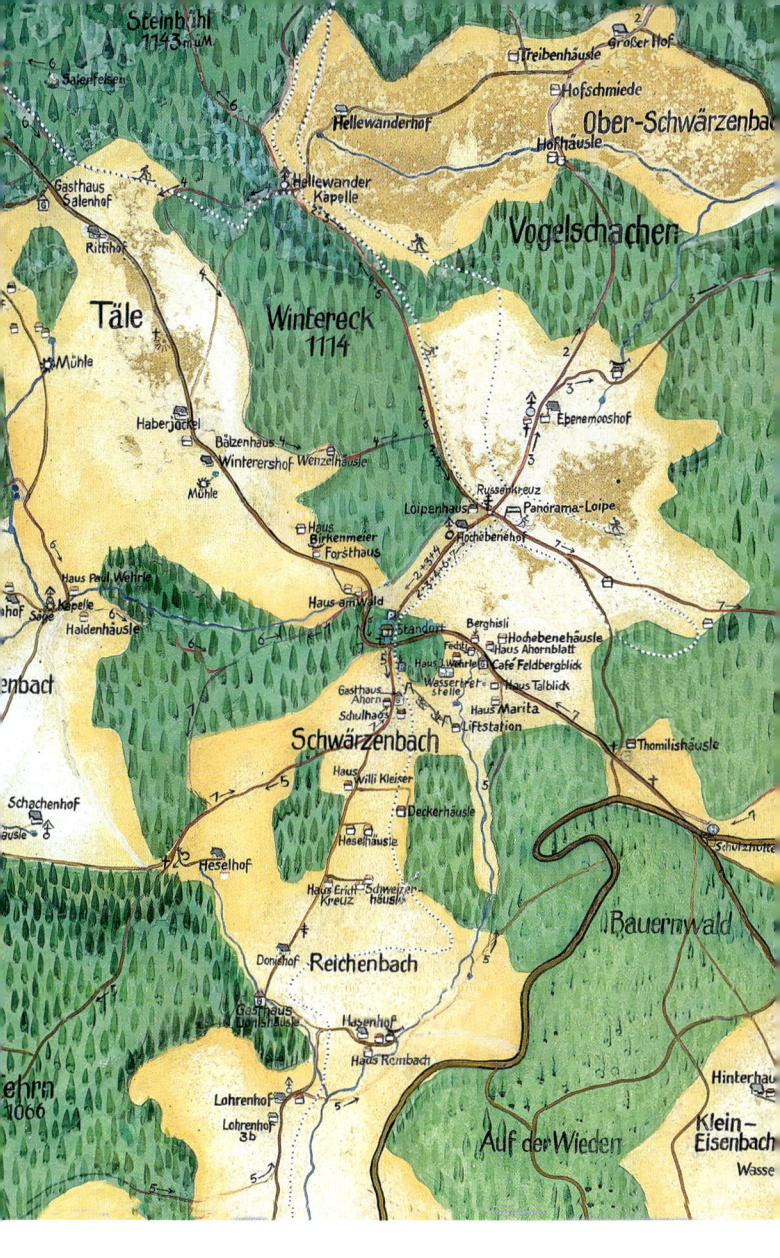

Um Schwärzenbach ist gut wandern

Polsterbank, Fischgrätparkett und Service schwarzweiß

Café Sapel

Tradition in Königsfeld

Der erste Blick Königsfeld liegt nordwestlich von Villingen zwischen Schwarzwald und Baar. Die große Zeit Königsfelds (6.000 Einwohner) als Luft- und Höhenkurort ist erkennbar Vergangenheit, bis heute erinnert aber manche Liegenschaft im Ort an die Gründer der Gemeinde.

Vor gut zweihundert Jahren wurde mit der systematischen Erschließung um Königsfeld begonnen. Im Jahr 1806 gründete die *Herrnhuter Brüdergemeine* (die mit dem Weihnachtsstern) eine Kolonie in waldumschlossener Höhenlage um 750 Meter. Noch immer fallen die markanten Gebäude der protestantischen Glaubensgemeinschaft im Ortsbild auf, ebenso die Villen der später zugezogenen Ärzte und Prominenz.

Auch Familie Sapel, die das Café mittlerweile in fünfter Generation umtreibt, kam mit der Herrnhuter Mission von Thüringen in den Schwarzwald. Im Jahr 1866 erwarb Christoph Jacob Friedrich Sapel gegenüber vom heutigen Café ein Anwesen, in dem neben der Bäckerei und Konditorei, eine

Süßes Dutzend – Kuchenauswahl im Café Sapel

Hefe- und Schokoladenherstellung sowie Kleinlandwirtschaft betrieben wurde. Zu Beginn der 1880er Jahre kamen dann die ersten Kurgäste nach Königsfeld, denen die Sapels auch Unterkunft boten.

Das heutige Café Sapel wurde 1913 erbaut, der vordere Gastraum präsentiert sich im Jugendstil. Spiegelwände, Fischgrätparkett, lederbezogene Sitzbänke und Messingleuchter sorgen für Atmosphäre. Man kann sich vorstellen, wie der Mediziner Albert Schweitzer, dessen Familie in Königsfeld ein Refugium hatte, hier Kaffee und Kuchen genoß.

Im Gastraum liegt eine breite Auswahl an Büchern aus, darunter auch Bildbände zur Wiener Kaffeehauskultur. Im Sommer wird sowohl auf einer Gartenterrasse als auch im Straßencafé serviert. Der Service in Schwarz-Weiß wirkt aufmerksam, der Gast wird nach „alter Schule" umsorgt.

Heiß und kalt, süß und salzig Die Kuchenauswahl ist für ein Café dieser Größenordnung ungewöhnlich groß. Sonntags können es schon mal zwölf Sorten sein. Gebacken wird nach Hausrezepten mit hochwertigen Zutaten. Exemplarisch

Statement Stücke – Bienenstich im Café Sapel

etwa der gute alte Bienenstich, der im Sapel schon optisch überzeugt. Der Mandel-Honig-Belag glänzt verheißungsvoll; laut Junior-Chef Reinhard Sapel kommen Gäste eigens wegen dieser Konditorei-Ikone von weit her, es fallen Namen wie Stuttgart, Rottweil und Schramberg. Ein Grund, weshalb der Bienenstich so gut ankommt, könnte die luftige Füllung mit einer Vanille-Sahnecreme sein (statt Pudding-Creme).

Zu empfehlen wäre auch die „Tausend-Blätter-Torte", eine aufwändig hergestellte Blätterteig-Spezialität gefüllt mit Vanillecreme; Albert Schweitzer ließ die Torte seiner Frau jedes Jahr zum Geburtstag liefern. Angeblich wurde Schweitzers Gemahlin mit dem Gebäck an ihre Elsässer Heimat erinnert und von Heimweh befreit. Eine weitere Retro-Spezialität aus Luftkurort-Zeiten ist die „Diät-Torte", eine Reminiszenz an den Mediziner und Pionier der Magendiagnostik Dr. Adolf Kußmaul (1822 - 1902). Kurgäste absolvierten einst unter seiner Anleitung lange Wanderungen, danach wurden sie mit der Königsfelder-Kirsch-Käsesahne belohnt. Ob man von einer „Diät-Torte" sprechen kann, sei dahingestellt.

Zinzendorfplatz in Königsfeld

Land und Architektur Ein Bummel durch den Kurpark paßt zur Nostalgie-Stimmung in Ort und Café. Der *Zinzendorfplatz* mit dem Kirchensaal der Herrnhuter Brüdergemeine ist das Herz der Schwarzwaldgemeinde, nur wenige Schritte vom Café Sapel entfernt. Noch in Laufnähe des Cafés, an der Ecke von Albert-Schweitzer-Weg und Schramberger Straße, liegt das ehemalige Wohnhaus von Albert Schweitzer (Hausnr. 5). In der Villa mit Schindelfassade wohnte von 1923-1957 die Familie des Missionsarztes. Heute ist in dem Gebäude ein Museum, in dem Leben und Werk des Weltbürgers dokumentiert sind.

Das Haus gilt als Beispiel der Stuttgarter Schule von Wilhelm Weigel. In Königsfeld sind noch weitere Weigel-Häuser zu sehen, meist Villen im großbürgerlichen Stil aus den 1920er Jahren. Das Haus Nummer 12 in der Hermann-Voland-Straße heißt Villa Mendelssohn. Hier lebte Weigel, nachdem er die Großnichte des Komponisten, Edith Mendelssohn-Bartholdy, geheiratet hatte. Es lohnt sich, die villengesäumte Straße in voller Länge zu gehen. Nächster Wanderwegweiser für längere Touren: Friedrichstraße (765 m).

Café Sapel, Friedrichstraße 4, 78126 Königsfeld, Tel. 07725-7228; cafesapel.de. Montag Ruhetag.

Albert Schweitzer Museum, Königsfeld

Laub fällt, Nostalgie kommt – Herbst im Kurpark

Zeichen der Zeit – 5 Senses Coffee

Cafés in Freiburg

Auch in Freiburg, gerade in Freiburg bietet unsere Auswahl von Adressen nicht von allem etwas, sondern etwas Besonderes: urban-moderne Kaffeekultur mit Rösterei in Herdern. Ein Ziel in erster Lauflage der Stadtmitte, zwei Spitzenconfiserien in der Altstadt und ein atmosphärisches Rückzugsgebiet in einem reizvollen Ladenquartier ebendort. Schließlich ein zeitgenössisch gestalteter Eissalon in der Wiehre und ein Werkstattcafé im Epizentrum der Fahrradmetrople.

Rösthandwerk – 5 Senses Coffee, FR-Herdern

5 Senses Coffee

Urbanes Gastroformat mit Rösterei in Freiburg

Der erste Blick Der Freiburger Stadtteil Herdern hat zwei Gesichter: die Halbhöhenlagen im Osten beeindrucken mit Villen und Landhäusern in erhabener Position, im ebenen Westen wirkt das Stadtbild urbaner und zunehmend verdichtet. So auch im vorderen Bereich der Okenstraße, wo eine moderne Überbauung mit Klinkerfassade, reichlich rechtem Winkel und Sichtbeton entstand. Im Haus Nummer 4 hat der neue Ableger von 5 Senses Coffee sein Domizil.

5 Senses wurde als Café, Quartiertstreff und Rückzugsort konzipiert, somit wäre hier ein modernes Third-Place-Format, ein Hybrid zwischen privatem Wohnzimmer und öffentlichem Marktplatz. Neben der Gastronomie fand auch die hauseigene Rösterei im Neubau ihren Standort.

Holz, Stein und Beton sorgen im Arrangement mit farbigen Schalenstühlen und zurückhaltend dosierten Polstermöbeln

Luftig aufgeräumt – 5 Senes Coffee, Freiburg-Herdern

für eine Atmosphäre, wie man sie in hippen Großstadtcafés erwartet, aber nicht unbedingt in einem gutbürgerlichen Freiburger Stadtviertel.

Ein stylisch reduzierter Wintergarten empfängt die Gäste mit einer schier raumlangen lederbezogenen Sitzbank. Einzelne Grünpflanzen, Crema-Fachzeitschriften und punktuell eingesetzte Deko setzen Akzente im Kaffeehaus. Vor der Glas-Außenfront gibt es eine geräumige Trottoir-Terrasse, ideal als Ausguck aufs Leben im Quartier.

Heiß und kalt, süß und salzig 5 Senses begrüßen den Gast mit dem Duft von frisch geröstetem, gepresstem und gebrühtem Kaffee, aber nicht nur: eine an Optionen reiche Karte reicht von Frühstückskombis über Tagessuppe und Bioquiche bis zur Teestunde am Nachmittag.

Ein Schaustück ist die neue Giesen-Röstmaschine, die für den Gast sichtbar platziert wurde. Täglich wird hier in Chargen von maximal 6 kg schonend geröstet. Selbstredend ist 5 Senses biozertifiziert und fair handelnd, die Rösterei arbeitet mit den Freiburger Importeuren „Original Food" zusammen, die

Third Place im 5 Senses

Äthiopischen Wildkaffee liefert, der zu drei Haus-Röstungen verarbeitet wird. Neben den Bohnen aus klassischen Anbau-ländern wie Äthiopien wird auch Kaffee aus Vietnam geröstet.

Auch Kuchen und Gebäck werden im 5 Senses täglich selbst produziert. Veganes wie ein saftiger Kokos-Karotten-Kuchen oder ein tatsächlich zitroniger Zitronenkuchen erfreut ebenso wie die ausgesprochen schokoladigen Brownies. Bei viel Be-trieb hilft mitunter die Qualitätsbäckerei Lay aus der Wiehre mit klassischen Apfel- oder Käsekuchen aus.

Stadt und Leute Inhaber Thorsten Kessmann, aus dem west-fälischen Münster stammend, hat sich mit 5 Senses Coffee seinen Traum erfüllt. Während seiner Zeit als Führungskraft bei einem Lebensmittel-Discounter wurde ihm klar, daß die Arbeit dort nicht zu seinen Werten paßt. Mittlerweile beschäftigt der Unternehmer Kessmann seinerseits 30 Mitarbeiter. Deren Ein-satz nach individueller Stärke und Vorliebe sorgt nicht nur für mehr Spaß an der Arbeit, sondern auch für wirtschaftlichen Erfolg. Der Gast erlebt ein Personal, das Arbeitsfreude und positive Energie ausstrahlt. Kein Wunder, daß die 5 Senses an

Hot stuff – Dampfmaschine bei 5 Senses Coffee

beiden Standorten gut besucht werden. Nicht nur Freiburgs Uni-Kosmos schätzt Manufaktur-Kaffee und die im Breisgau ungewohnt urbane Atmosphäre, auch ältere Semester haben die Bereicherung der lokalen Café-Szene gerne angenommen.

Gleich nebenan liegt der Botanische Garten der Universität. Die Anlage existiert seit 1620, sie ist nach Leipzig der zweitälteste botanische Garten Deutschlands, es gibt dort Außenanlagen mit unterschiedlichen Vegetationsbereichen und vier Schaugewächshäusern.

Das Extra Baristas von 5 Senses geben ihr Können in Kursen weiter. In Workshops lernt man nicht nur die Technik der Zubereitung, sondern bekommt auch Einblicke in Botanik, Anbau und Weiterverarbeitung von Kaffee. Sämtliche 5 Senses-Kaffees sind vor Ort und online zu kaufen.

Coffee 5Senses, Okenstraße 4, 79108 Freiburg-Herdern, Tel. 0761-557 591 00; 5senses.coffee.de.

Das zweite 5 Senses (historisch das erste) im Freiburger Stadtteil Vauban in der Wiesentalstraße 22, Tel. 0761-556 533 21, kein Ruhetag.

Der Filterkaffee lebt – Manufakturbrühen bei 5 Senses

Boxenstopp am Martinstor

19

Kolben Kaffee Akademie

Café zentral im Herzen Freiburgs

Der erste Blick Ein Taubenschlag in Freiburgs Mitte, am Laufsteg beim Martinstor gelegen. Drinnen ein Steh- und Sehplatz mit hoher Kundenfrequenz, draußen im Martinsgässle ein im französischen Bistrostil möblierter Rückzugsraum, Ausguck und Laufsteg in einem. Der Platz ist in Freiburg einzig, er gehört zum Inventar der Stadt.

Das Innere der Akademie erfuhr im Frühjahr 2021 eine bewahrende Renovierung und technische Sanierung. Dabei wurde versucht, etwas vom Charme eines in Jahrzehnten gewachsenen Instituts zu erhalten, was in Teilen gelungen ist. Charakterstucke wie die dunkle Holzvertäfelung, das Fischgratparkett, Glasvitrinen und der dominierende Kronleuchter wurden aufgearbeitet, sie strahlen seit Mitte 2021 in neuem Glanz, die gewohnte Kaffeesack-Tapete müssen Kolbenkaffee-Gäste nicht missen. In den neu geschaffenen Nischen zur belebten Kaiser-Joseph-Straße sitzt man nun klimatisiert und vom steten Passantenstrom gut unterhalten.

Renovierung 2021 – die neue, alte Kaffee Akademie

Nach wie vor an Bord ist Maitre Benoit Jaeger als Chef der Backstube und Mitinhaber der Akademie. Ein französisches Zertifikat des Ministeriums für Ausbildung, Jugend und Sport ziert die Wand, es weist Jaeger als „Patissier, Confiseur, Chocolatier, Glacier" aus. *Frankreich first* gilt auch für das große Angebot an Kuchen und Patisserie, wie eh und je geht ein großer Anteil des Gebäcks im Außer-Haus-Verkauf über die Theke.

Heiß und kalt, süß und salzig Ob Mini-Gugelhupf, Brioches, Croissants oder Café au Lait, vieles klingt und ißt sich wie jenseits des Rheins. Selbstverständliche, lässige Lebensart im Vorbeigehen oder auch als kurze Pause an einer besonders quirligen Engstelle der Innenstadt. Es geht aber auch opulenter im Kolbenkaffee: etwa dank der Millefeuilles, derentwegen sogar französische Einkaufstouristen regelmäßig kommen, außerem gibt es Moussetorten, Obstkuchen mit Baiserhaube, alles in feiner Qualität. Auch deutsche Klassiker fehlen nicht, darunter Schwarzwälder Kirschtorte und Linzertorte.

Die breite Auswahl an belegten Brötchen und Laugenteilen ist mehr als eine Ergänzung, sondern willkommene Erweite-

Zeitung und Kaffee sind ein Paar

rung für jene Gäste, die das Kolbenkaffee bei Appetit zwischendurch schätzen.

Für die Kaffee-Zubereitung sorgen geschulte Baristas. Der Kaffee kommt von der Rösterei Wild in Garmisch-Partenkirchen. Die steht für Qualität des Grundproduktes und fairen Handel mit den Kaffeebauern. Im Café hängen Plakate, auf denen die Produzenten mit Foto vorgestellt werden.

Stadt und Leute Es gibt kaum eine zweite Adresse im Südwesten, die in Frequenz und sozialer Breite mit dem Kolbenkaffee mithalten kann. Universitätsnah kommen Studenten, Assistenten und Professoren aus allerlei Gewerken, Touristen und Stammgäste von nah und fern. Zum Charakter des Instituts gehört auch ein souveräner Kellner wie Georg Leser, seit gut zwanzig Jahren gibt er dem Ort Gesicht und Persönlichkeit – vor und nach der Renovierung.

Kolben Kaffee Akademie, Kaiser-Joseph-Straße 233, 79098 Freiburg-Altstadt, Tel. 0761-38 700-13/-24; kolbenkaffee-freiburg.de; werktags ab 8.30 Uhr, Ruhetag an Sonn- und Feiertagen.

Harmonie in Pastell – kleine Pause im Café Gmeiner

20

Confiserie Gmeiner

Wertige Confiserie in Freiburgs Altstadt

Der erste Blick Das erkergeschmückte Eckhaus am Beginn der Gerberau ist kaum zu übersehen, erst recht nicht die animierend süßen Stücke in den Auslagen. Seit 2010 gibt es am Altstadt-Laufsteg nahe Martinstor und Gerberau eine Freiburger Niederlassung der Ortenauer Confiserie Gmeiner. Im Erdgeschoß der Laden-Café-Hybrid mit einer repräsentativen Thekenzone, anschließend die Sitzplätze an den recht kleinen Tischen im Erdgeschoss; großzügiger verteilt und deutlich ruhiger wirken die Sitzgelegenheiten im ersten Obergeschoß.

Parterre sorgen große Schaufenster, wandhohe Regale und geräumige Theken (süß/Schokolade/salzig) für animierende Blicke auf das überaus breite Vollsortiment Gmeiners – ein Segen, daß es in der Freiburger Innenstadt wieder so ein Qualitätsangebot gibt.

Die Möblierung zitiert Elemente eines Wiener-Kaffeehaus-Stils, Raumangebot und Service orientieren sich aber an der

Kleine & große Formate – Confiserie bei Gmeiner, Freiburg

hohen Frequenz einer 1a-Lage der Altstadt. Großformatige historische Schwarz-Weiß-Aufnahmen zeigen das Geschehen auf dem Münsterplatz und in der Kaiser-Joseph-Straße, sie erinnern an längst vergangene Freiburger Kaffeehaus-Tradition, die so nicht wiederkehren wird. Gmeiner in Freiburg lockt heute weniger mit Nostalgie und Atmosphäre, sondern mit einem außergewöhnlich breiten und qualitativen Sortiment.

Im ersten Stock profitiert der Gast von den weiten Bogenfenstern zu Martinstor und Kaiser-Joseph-Straße – der schweifende Blick auf Passanten und Strömung an einem frequentierten Ort der Innenstadt mag zum Träumen animieren. Der Service erinnert an hier und heute, er agiert routiniert, bei Hochbetrieb auch mal an der Belastungsgrenze.

Heiß und kalt, süß und salzig Obwohl Gmeiner in der zentralen Produktion in Appenweier 75 Mitarbeiter beschäftigt und von dort all seine Filialen und Cafés beliefert, wird nach bester handwerklicher Praxis produziert. Volker und Christine Gmeiner führen den Familienbetrieb mittlerweile in vierter Generation, sie achten auf Qualität längs der gesamten Pro-

Das nächste Ostern kommt bestimmt – Motivtafeln bei Gmeiner

duktkette. Ein aktuelles Beispiel für die außergewöhnliche Firmenpolitik ist Gmeiners Amazonas-Kakaoprojekt, an dem 300 Familien in Brasilien beteiligt sind; Gmeiner produziert aus deren Ernte drei Sorten Wildkakao-Tafelschokolade und Amazonas-Trüffel.

Der Feinschmecker zählt Gmeiners Freiburger Filiale zu den besten Kaffeehäusern Deutschlands, *Gambero Rosso* sieht Gmeiner unter den ersten Schokoladenfachgeschäften Europas. Erstbesucher sollten beachten, daß ein Preiskampf in dieser Liga eher nach oben ausgetragen wird. Stammgäste wissen ohnehin, daß die Neigung zu erstklassigen Süßwaren Leidenschaft fordert, auch finanziell.

Wer sich Gmeiners „Dolce Vita" gönnt, ein Törtchen aus Schokoladen-Mousse und Passionsfrucht wird mit satten Aromen und feinem Mundgefühl belohnt. Tief schokoladige Mousse, am Gaumen wolkig-cremig. Der dekorativ kuratierte Reigen von Macarons ist ein Beispiel mehr für Confiserie-Handwerk mit Klasse, ebenso wie die stets verlockend arrangierten Petits Fours.

Smarties mit Stil – Petit-Fours, Café Gmeiner, Freiburg

Die Torten- und Kuchenauswahl bietet klassisches von Linzer- bis Rüblitorte, auch moderne und exotische Frucht-Torten gibt es in beachtlich großer Auswahl. In einer separaten Theke werden Pralinen, Trüffel und Schokoladen präsentiert.

Für Salziges, Sandwiches, Laugen- und Kleingebäck gibt es einen eigenen Thekenbereich; dort unter anderem ausgezeichnete Schinken-Hörnchen und Quiches in verschiedenen Formaten, darunter auch die traditionelle Art aus Lothringen.

Stadt und Leute Mittlerweile gehört es in und um Freiburg fast schon zum guten Ton, einen Stadtbummel mit einem Besuch bei Gmeiner anzureichern. Man trifft hier auf eine Querschnitt der Freiburger Stadtgesellschaft, von Assistent bis Professor, auch Touristen werden von den Auslagen magisch angezogen. Fazit: Gmeiner schmückt Freiburgs Altstadt wie Pflaster, Fahrrad und Rucksack, nur ungleich süßer.

Gmeiner, Café, Konditorei & Confiserie, Kaiser-Joseph-Straße 243, 79098 Freiburg; chocolatier.de; Tel. 0761-429 917 30.

Auszeit in Freiburg Mitte – Café Gmeiner, 1. Stock

Referenzqualität – Trüffel & Pralinen von Raphael Mutter

21

Confiserie Raphael Mutter

Edles in Freiburgs Altstadt

Der erste Blick Die verkehrsberuhigte Gerberau gehört zu den touristischen Vorzeigestraßen der Freiburger Altstadt. Historische Hausfronten, gepflasterte Gehwege, inhabergeführte Läden. Galerien, Antiquitäten, Holzspielzeug, Papeterie, Gastronomie – mittendrin das durchweg höchstwertige Sortiment der Confiserie Mutter.

Das Ladenlokal mit dem integrierten kleinen Café wirkt geradlinig und modern. Im Erdgeschoss befinden sich die Verkaufstheken, dazu an der Wand ein paar Stehtische. Das eigentliche kleine Caféabteil befindet sich auf einer Empore über dem Verkaufsraum. Bei schönem Wetter kann der Gast auch die Fensterbänke zum Bürgersteig nutzen. Das knappe Dutzend an Außenplätzen ist dort aber bald besetzt.

Heiß und kalt, süß und salzig Obwohl der Laden von außen recht überschaubar wirkt, bietet Raphael Mutter eine enorme Vielfalt an Confiserieprodukten und Schokoladen. So gibt es

Volles Programm – Pralinen bei Raphael Mutter

allein 60 verschiedene Sorten Pralinen, darunter auch ausge-
fallene Modelle wie Himbeer-Balsamico oder Chilli-Orange-
Trüffel.

Die mehr als 50-jährige Manufakturtradition findet ihren
Ausdruck in der Referenzqualität von Mutters Pralinen. Vater
Bernhard Mutter gründete den Betrieb in Bad Säckingen zusammen mit seiner Frau. Im Lauf der Jahre hat man sich dort
besonders auf die Produktion von Krokant spezialisiert. Über
40 Mitarbeiter fertigen aus Zucker-Mandel-Basis hochwertige
Rohprodukte zur gewerblichen Weiterverarbeitung. Mutter
wurde in diesem Segment zum Global Player, sein Krokant
geht in die Welt, unter anderem auch zu Lindt & Sprüngli nach
Zürich. Die stylische Confiserie-Außenstelle in Freiburgs Altstadt ist für Raphael Mutter keine Nebensache, sondern exklusive Nische, vor allem qualitativ. Das Pralinen- und Trüffel-
sortiment zählt für uns zur Spitze im Südwesten.

Wer eine kleine Pause im Café einlegt, dem seien auch die
gepflegten Trinkschokoladen empfohlen. In diversen Glas-

Lauter Mundschmeichler – Confiserie Raphael Mutter

schütten befinden sich Schoko-Chips unterschiedlichster Sorten (hier heißen sie *Schoko-Drops*); gleichwie, die Dragées werden für den Gast à la minute in heißer Milch aufgelöst. Neben der klassischen Vollmich-Trinkschokolade für Puristen gibt es auch Spezialitäten, darunter eine Variante mit Fleur de Sel. Mit Zusätzen wie Orangenöl kann getunt werden, auch ein Alkohol-Shot ist zu haben, etwa Amaretto oder Cointreau.

Stadt und Leute Durchaus Freiburg-typisch kommen Confiserie Liebhaber und einschlägig Vorbelastete in bunter Mischung. Das Laden- und Servicepersonal ist engagiert und informiert, es identifiziert sich mit dem Sortiment und hält dem Inhaber seit Jahren die Treue. Dies überträgt sich wohl auch auf die Kunden, zu denen viele Stammgäste gehören. Natürlich fehlt es in der Gerberau auch nicht an Laufkundschaft und Touristen.

Confiserie Rafael Mutter, Gerberau 5a, 79098 Freiburg-Altstadt; confiserie-rafael-mutter.de; Tel. 0761-292 71 41; Montag bis Samstag 10 - 18 Uhr; Sonn- und Feiertage geschlossen.

Gelungene Inszenierung – Café im Museum für Neue Kunst

22

Café im Museum für Neue Kunst

Auszeit im reizvollen Freiburger Inselquartier

Der erste Blick Einst besuchten Freiburgs höhere Töchter die *Mädchen-Bürgerschule Adelhausen;* seit 1985 ist das Freiburger Museum für Neue Kunst in dem neubarocken Anwesen. Für eine Auszeit nach einer Altstadtrunde bietet das integrierte Museumscafé stilvoll-ruhige Plätze. Die attraktive Randlage an einer stilleren Ecke der oberen Altstadt ist ideal zum Durchatmen und Ausruhen nach dem Einkauf, zum Leute beobachten, lesen, alleinsein, tagträumen...

Bei schönem Wetter sitzt man in einem beschaulichen Gartenabteil rechts und links des Eingangs. Innen beeindruckt das Café zum einen durch sein hohes Kuppelgewölbe, zum anderen durch die stilvolle Dekoration der Gastgeberin Dinah Boukhalfa. Florale Arrangements, bunte Kissen, eine Möblierung mit Stücken aus dem Fundus der klassischen Moderne – die Handschrift einer ausgebildeten Designerin prägt das Café. Nebenbei: Frau Boukhalfa führte über 20 Jahre lang ein

Kleine Fluchten in der Altstadt – Café im Museum für Neue Kunst

Geschäft für Mode, Schmuck und Accessoires in der Salzstraße, nur wenige Meter entfernt von ihrem Café.

Heiß und kalt, süß und salzig Das Speisenangebot ist klein, aber fein. Es paßt bestens zur Nachbarschaft der vielen individuell geführten Läden in der Gerberau und auf der Insel. Alles wird hausgemacht, alles in Bio-Qualität, möglichst von regionalen Erzeugern. Täglich kann man zwischen drei fixen Kuchensorten wählen: Käse-, Birnen- und Schokoladenkuchen. Der Käsekuchen hat eine Fangemeinde, es soll Gäste geben, die ausschließlich wegen der luftig-soufflierten Kreation ins Museumscafé kommen – die Backrezepte bleiben ein Geheimnis der Chefin. Für den kleinen Hunger zwischendurch gibt es täglich wechselnde Suppen, meist püriert-gebunden im Stil von Kartoffel-Möhre etc.

Sehr zu empfehlen sind auch die buttrigen Croissants in Originalqualität, sie kommen täglich frisch aus Frankreich. Beim Kaffee wird auf Regionalität gesetzt, zumindest, was das Rösten der Bohnen angeht. Aus der Zwei-Siebträger-Cimbali

Im ruhigen Abseits – Caféterrasse, Museum für Neue Kunst

läuft ausschließlich Freiburger *Schwarzwild-Kaffee*, die Röste-
rei liegt übrigens in Gehweite ums Eck, in der Kartäuserstraße
(Nr. 60 a); für Durstige gibt es zudem eine große Auswahl an
Bio-Saftschorlen.

Land und Leute Vom Gastgarten aus läßt sich die beschau-
lich-entschleunigte Atmosphäre im kleinteiligen, mit Läden
gespickten Insel-Quartier besonders angenehm erleben.
Man sitzt geschützt hinter dem markant geschwungenen
Schmiedeisenzaun, oder drinnen hinter dicken Mauern unter dem hohem Gewölbe. Nicht im urbanen Abseits, aber
doch abseits der wuseligen Laufstege der Altstadt. Unter den
Gästen Freiburger Bildungsbürgertum, Shoppingmüde, auch
kulturbeflissene Damen, die wegen August Macke und Otto
Dix schon mal aus dem Schwäbischen nach Freiburg kommen.

Das Extra Dinah Boukhalfa bewirtet das Museumscafé seit
2018, der dezent präsenten Gastgeberin ist es gelungen, einen
gepflegten Rückzugsraum zu schaffen, auch einen Ort der

Kartoffel-Möhrensuppe auf Kopfsteinpflaster – im Museumsgarten

zwangloser kulturellen Begegnung. Die kunstaffine Atmosphäre des Museumsgebäudes mit einer Sammlung der klassischen Moderne bleibt auch im Café spürbar. Ein stimmungsvoller Ort für feine Geister.

Café im Museum für Neue Kunst, Marienstraße 10 A, 79098 Freiburg, Tel. 0761-201 25 83. Öffnungszeiten: 10 - 17 Uhr, Montag Ruhetag

Café und Haltung – Dinah Boukhalfa an der Cimbali

Gute Stube – Förster Max, Freiburg

23

Förster Max

Café und Eisdiele mit Ladengeschäft, Freiburg

Der erste Blick Ein Eckhaus im Gründerzeitstil, ein lässiger Treff im Bohème-Viertel Oberwiehre. Die 2020 neu gestalteten Räume eines ehemaligen Fotogeschäftes wirken einladend und freundlich. Förster Max bietet zwei Gasträume: im ersten eine Theke mit Selbstbedienung und Blick auf die Eis- und Patisserie-Auswahl. Anschließend eine Art Séparée: ein freundlicher Raum, der allein schon wegen der ausgesprochen dekorativen Blumen-Fototapete gefällt.

Beide Gasträume wurden mit Antiquitäten möbliert, die liebevoll restauriert wurden. Auch die Blumendekoration im Café ist eine Freude. Lebhaft bunt, natürlich frisch, Blumen, Farne und Gräser. Die jungen Damen hinter dem Tresen agieren, angeleitet von der rührigen Chefin, flott und freundlich. Draußen gibt es eine lässig möblierte Trottoir-Terrasse mit Eisverkauf zur Zasisusstraße.

Handgeschöpft – Eisarrangement à la Förster Max

Heiß und kalt, süß und salzig Schon die Eisspezialitäten von Patissier Johannes Dilger, der zusammen mit Anke Ruß-Gall den Förster Max umtreibt, lohnen einen Ausflug in den Stadtteil Wiehre. Täglich werden etwa 12 Sorten produziert, alle aus Früchten der Saison, sämtlich ohne Farb- und Konservierungsstoffe und künstliche Aromen.

Speziell Fruchteis-und Sorbet-Freunde bekommen hier das Besondere, etwa die Haus-Spezialität sizilianisches Zitronen-Sorbet, daneben gibt es natürlich auch Milcheissorten wie Tahiti-Vanille. Das Eis wird anregend serviert: Jede Kugel kommt im extra Gläschen, das auf einem Holzbrett serviert wird, zur optischen Geschmacksverstärkung mit einer Blüte garniert.

Der Kaffee läuft nicht mehr aus der ikonischen Faema 61 der Anfangsphase, mittlerweile wird eine automatische Rokket eingesetzt, die auch bei wechselndem Personal konstante Ergebnisse garantiert. Zum Café gibt es Süßes aus der hauseigenen Bäckerei: zum Beispiel in Kupferförmchen gebackene

Bei Förster Max um's Eck – Blütenwald in der Dreikönigstraße

Canelés de Bordeaux, Küchlein mit Karamellkruste oder auch Mandelgebäck aus Sizilien. In der kalten Jahreszeit werden frische Waffeln gebacken. Dazu gibt es dann Apfel-Zimt-Kompott von der säurefrischen Apfelsorte Topaz. Auch ein einfacher Käsekuchen ist im Programm, der zitronig-quarkig und eher schlank als mastig daherkommt. Die Krönung und Hausspezialität bei Förster Max sind feine Brioches, die – noch ofenwarm – eine Eiskugel umhüllen.

Stadt und Leute Das Publikum ist ganz Wiehre; es kommen Studenten, Akademiker, Räte und Beiräte allen Geschlechts, berentete Revolutionäre und Kämpfer aus dem Kiez. Das viel zitierte Freiburger Lebensgefühl gedeiht an diesem Platz sichtbar gut.

Die Lage im Zentrum eines Freiburger Altbauviertels sorgt für interessante Szenen en passant, auch die Fahrraddichte, stehend und querend, ist beachtlich. Ein Bummel von der City über die Dreisam durch die Wiehre lohnt sich besonders für

Kaltes Dutzend – Eisauswahl bei Förster Max

auswärtige Besucher, man betritt eine Hochburg sattgrünen Bürgertums.

Das Extra Zur Einstimmung auf einen Besuch bei Förster Max empfiehlt sich ein Blick auf die Homepage, die ein informatives Lesevergnügen bietet. Gastgeberin Anke Ruß-Gall ist Malerin, Grafikerin, Food-Stylistin – kein Wunder, daß Ladenlokal und Internetauftritt so ansprechend gestaltet sind. Außerdem ist auf der Website zu erfahren, weshalb das Café den ungewöhnlichen Namen „Förster Max" trägt.

Förster Max. Schwarzwald. Eis. Café. Dreikönigstraße 46, 79102 Freiburg; die Öffnungszeiten sind saisonabhängig, aktuelle Hinweise auf: foerstermax.de oder Instagram.

Käsekuchen 2.0 – mehr luftig als mastig

Galeriestimmung – Showroom im Caffè Bicicletta

24

Caffè Bicicletta

Werkstatt-Café in der Freiburger Wiehre

Der erste Blick Atelierstimmung und etwas Italianità in Freiburgs entschleunigter Mittelwiehre. Das Haus in der Brombergstraße 17 bietet ein Café und einen italophil eingerichteten Werkraum. Der Exil-Schwabe Martin Allmendinger arbeitete einst als Fahrradkurier, bevor er zusammen mit Hajo Schiffelholz, der ebenfalls aus der Velo-Branche kommt, einen Kurierdienst namens *Radsfatz per Velo* gründete.

Mit dem Einzug in größere Räume in der Brombergstraße konnten die beiden Freunde ihr Geschäftsmodell erweitern: neben einem Fahrrad-Laden mit Vertrieb klassischer Renn- und Bahnräder im Retrostil gibt es dort auch eine Reparaturwerkstatt mit kleinem Café. Klassisch-italienisch sind die Grundmotive der Einrichtung in allen Räumen. Stuckverzierte Decken, Exponate und Bilder an den Wänden. Repariert wird im Bicicletta ausgesprochen gutbürgerlich – man schraubt unter Rosendekor im Lichte eines Kronleuchters.

Blickfang im Café ist eine *Faema 61*-Siebträgermaschine

Angekommen in der Mittelwiehre – Martin Allmendinger

aus der Zeit von Unterrohrschaltung und Felgenbremse. Allmendingers Leidenschaft gilt erkennbar den Klassikern unter Renn- und Siebträgermaschinen. Um perfekten Espresso oder Cappucino bieten zu können, war er zur Barista-Ausbildung in Italien.

Vor dem Werkstatt-Café stehen ein paar Tische auf dem Gehsteig. Bei schönem Wetter sorgt sanfter Wiehre-Flow für Freiburg-typische Entschleunigungswerte. Caffè Bicicletta ist ein Ort zum Absteigen und Runterkommen.

Heiß und kalt, süß und salzig Espresso und Cappucino werden aus Bohnen der Rösterei Hardy, Mailand, zubereitet. Stimmig wird der Kaffee in den bunten Tassen mit dem Papageien-Logo des Rösters serviert. Die Hardy-Bohne schmeckt intensiv aromatisch, gilt aber dank schonender Röstung als sehr bekömmlich. Von der verbreiteten H-Milch für den Milchschaum hält Barista Allmendinger nichts. Auf seinen Cappucino kommt nur der cremige Schaum aus 3,8 prozentiger Vollmilch, natürlich Bio. Wer lieber Tee trinkt, bekommt auch

Eleganz aus Stahl – Caffè Bicicletta

solchen, zum Elektrolyt-Ersatz gibt es im Bicicletta Bio-Limonaden und ökologisches Mineralwasser.

Zu einem Magneten wurde die Eis-Truhe. Im Bicicletta ist sowohl Bio-Eis vom *Ruhbauernhof* in Kirchzarten (vgl. S. 153) als auch von *Bolleschlotzer* Ebringen zu haben. Beim Bolleschlotzer-Eis schließt sich einmal mehr ein italienischer Kreis, Eismacherin Caroline hat nach ihrer Koch-Ausbildung bei Douce Steiner im Hirschen Sulzburg an der Slow Food Uni in Italien studiert. Dort entstand auch ihre Idee, hochwertiges Speiseeis ohne Zauberpulver und Helferlein zu produzieren. Empfehlung: die Sorten Haselnuss (mit Nüssen aus dem Piemont) und Pistazien. Panini, italienische Dolci, Brezeln und eine kleine Auswahl an Gebäck sind im Bicicletta ebenfalls zu haben.

Stadt und Leute Bei so viel Velo- und Lifestyle-Expertise kommen Liebhaber klassischer Rennräder gerne ins Atelier. Man nippt, fachsimpelt und philosophiert. Neben der eigentlichen Zielgruppe schätzen aber auch Leute aus dem Viertel die lässige Atmosphäre, für einige ist das Bicicletta so zu einem zweiten

Forza Italia – Speedy Hardy in der Brombergstraße

Wohnzimmer geworden. An schönen Tagen dienen die wenigen Außenplätze an der Brombergstraße zur Auszeit und als Ausguck.

Das Extra Gleich am Eingang ins Bicicletta fällt linker Hand eine Reihe dekorativer Radsport-Kappen auf. Sie erinnern an die großen Zeiten des Giro d'Italia – als Helden auf dem Sattel noch keine Helme trugen. Das Schild keck nach oben getragen sind die Retro-Kappen auch ein Markenzeichen des Chefs Martin Allmendinger. Selbst wer mit exklusiven Marken wie Cinelli oder Ciöcc nichts anzufangen weiß, wird sich möglicherweise für die Hingucker begeistern. Ob eine Kappe aus Allemdingers Fundus auf dem E-Bike als Ironie durchgeht, oder schon Götterlästerung wäre, soll hier nicht entschieden werden.

Caffè Bicicletta, Brombergstraße 17, 79102 Freiburg, Tel. 01512-532 79 58; caffe-bicicletta.com. Öffnungszeiten: 8.45 - 18 Uhr, Ruhetage Sonntag und Montag.

Ersatzteillager unter Stuck – Caffè Bicicletta

Einkehr unter freiem Himmel – Hofcafé Ruhbauernhof

25

Lillis Café auf dem Ruhbauernhof

Hofcafé im Dreisamtal

Auf den ersten Blick Das kleine Hofcafé auf dem Ruhbauernhof liegt leicht erhöht in Aussichtslage über dem Dreisamtal,
davor der weite Talbogen von Kirchzarten-Dietenbach. Die
imposante Hofstelle im Schwarzwälder Gewand wird gerahmt
von Walnuß- und Streuobstbäumen, Pfirsich- und Zwetsch-
genbäume säumen den Parkplatz. Man sitzt draußen auf dem
Land, umgeben von wechselndem Grün wie in einem Land-
schaftspark.

Café und Laden fanden im Sommer 2019 in einer Ecke des
mächtigen Stall- und Scheunengebäudes ihren Platz. Der Gast
sitzt ausschließlich draußen unter einem eigens errichteten
Vordach, im Ladengeschäft mit Selbstbedienung bleibt kein
Platz für Tische und Stühle. Weitere Sitzgelegenheiten sind auf
dem Hofgelände verteilt.

Seit Sommer 2019 betreibt Lisa Maria Lorenz das kleine Hofcafé, mit dem sich die Gastgeberin einen Lebenstraum erfüllt

Eiscreme und Landluft – Ruhbauernhof, Kirchzarten-Dietenbach

hat. Ihr Vorhaben reifte während ihres Neuseelandaufenthaltes im Jahr 2014. Lilli hatte sich damals in ein kleines Café in Auckland verliebt und die Idee eines eigenen kleinen Cafés hat sie seither nicht mehr losgelassen. Lillis Partner Daniel Maier ist Jungbauer auf dem Ruhbauernhof, auf dem schon seit Jahren weithin bekannt ein feines Eis mit Milch der eigenen Kühe hergestellt wird. Daniel hat Lilli bei der Verwirklichung ihres Traumes unterstützt. Ihr Café und Shop wurden von Anfang an gut angenommen.

Heiß und kalt, süß und salzig Das Angebot ist, wie an so einem Platz zu erwarten, betont regional. Die hausgemachten Kuchen werden allesamt von den beiden Omas der sympathischen Gastgeberin gebacken. Dabei wird viel Wert auf reife Produkte der Saison gelegt. So bekommt man im Hochsommer einen feinen Zwetschgenkuchen mit dünn-buttrigem Mürbeteigboden, saftigen Früchten und Zimtstreuseln, au-

Mürbteig und Wiesenblumen – Lillis Café, Dietenbach

ßerdem gibt es zur Beerenzeit stets verschiedene Obsttorten auf Bisquitboden. Das hauseigene Ruhbauernhof-Eis wird direkt neben dem Café produziert. Man genießt es entweder als einzelne Kugeln (unbedingt zu empfehlen: die Sorte Himbeere/Meringue) oder im Becher wie ein Spaghetti-Eis oder Bananen-Split.

Die guten Kaffeespezialitäten und Bio-Tees sowie Jung-Obstsäfte und Schorlen von Streuobstwiesen der Region sind eine passende Ergänzung des Angebots.

Land, Luft und Leute Offene Stallungen für Kälber, Schweine und Lamas sorgen für Landluft. Pferde grasen gleich nebenan, die natürliche Umgebung und die Hoftiere sind ein Abenteuerplatz für Kinder, die hier (im Radar ihrer Eltern) etwas Hofatmosphäre an einem Originalschauplatz schnuppern können.

Auslauf direkt ab Hof – am Ruhbauernhof in Dietenbach

Gleich nebenan Zur Einkehr nach einer Höhenwanderung vom Schauinsland via Rappeneck und Oberried herunter an den Dietenbach, oder auch als Station auf einer Tour auf dem lohnenden Dreisamtal-Radweg liegt Lillis Café optimal; nächste Wanderwegweiser in Dietenbach.

Lillis Café. Eis. Shop. Auf dem Ruhbauernhof, Dietenbach 9, 79199 Kirchzarten; lillicafe.de, Öffnungszeiten: Freitag, Samstag, Sonntag 14 bis 18 Uhr.

♥-lich
Willkommen

Lilli's

Espresso	2,00		Eiskaffee	4,50
Cappuccino	2,90		Eisschoki	4,50
Latte Macciato	3,20		Affogato	3,80
Milchkaffee	3,00			
Kaffee creme	2,60		Spaghetti-Eis	6,00
Schoki	3,00		Banana split	6,00
... mit Sahne	3,50			
Babyccino	0,50		1 Kugel Eis am Tisch	1,90
			2 Kugeln "	3,00
Chai Latte	3,40		3 Kugeln "	4,50
Kännchen Tee	3,90			
			Portion Sahne	0,50
Apfelschorle	2,90		Portion Schokosoße	0,50
Kräuter-Limo	2,30			
...tz. Kola	2,30		Omas Kuchen	
...tz. Rhabarber	2,50		&	
...Schorle			♥-hafte Snacks	
...ung Bio Schorle	3,40		täglich wechselnd.	
Johannisbeer				
Orange-Maracuja				
...udel	2,40			

Holzofen-Brot 3,50

Nettes von nebenan – Lillis Café

Prachtstücke am Ende der Straße – Stollenbacher Hof

26

Stollenbacher Hof

Konditorei und Hüttencharme am Fuß des Feldbergs

Der erste Blick Ein Schwarzwaldhof am Fuß der Stollenbacher Weide auf knapp 1.100 Metern Höhe über dem Zastlertal. Die stattliche Liegenschaft dient seit Jahrhunderten auch als Herderhütte der Weidegenossenschaft Buchenbach. Die zugehörige Gastronomie ist seit jeher ein günstig gelegener Anlaufpunkt für Wanderer, Skifahrer und Tourengänger; auch ein Ort, der in den letzten Jahren mehrere Pächterwechsel erlebte.

Seit Oktober 2019 sind Sophia Sauter und Frank Fünfgeld am Start und seither bewirten die beiden das Gehöft mit der dunklen Schindelfassade und dem tiefen Walmdach. Eine angebaute Holzveranda verläuft über die ganze Front der Stollenbacher, von dort geht der Blick auf umliegende Weiden und Skihänge.

Heiß und kalt, süß und salzig Sophia Sauter lernte im renommierten Gourmetrestaurant Schwarzer Adler in Oberbergen Konditorin. Dank ihrer Ausbildung im Kaiserstuhl kann der Gast in ungewohnt rustikaler Umgebung auch feine Patisserie

Aus dem Vollen – Schwarzwälder vom Stollenbach

nach französischem Vorbild genießen. Das Handwerk der 29 Jahre jungen Frau aus Opfingen, die zuvor zwei Cafés in der Region betrieben hat, wurde geprägt von einem französischen Lehrmeister. Während der Ausbildung blieb Raum für Kreativität, was sich bis heute auszahlt. Immer wieder erfindet Sophia Torten, die im Wortsinne vielschichtig sind. Etwa die winterliche Bratapfel-Torte, in der eine knusprige Walnuss-Karamell-Struktur mit weichen Creme- und Bratapfel-Schichten wechselt.

Sophia beherrscht aber auch strenge französische Klassik. Wer auf eine lehrbuchmäßige *Tarte au Citron* steht, wird die kurvenreichen sechs Kilometer Bergfahrt aus dem Zastler Tal rauf zur Stollenbacher nicht bereuen. Neben französischer Raffinesse bietet die Konditorin auch Regio-Klassiker comme il faut. Die Schwarzwälder Kirschtorte kommt am Stollenbach mit einem schokoladig-leichten Biskuit, dazwischen wird mit Sahnecreme nicht gespart. Die beachtliche Konstruktionshöhe dürfte ausgezehrte Langstrecken-Wanderer erfreuen.

Zudem wird hüttengerecht gekocht auf der Stollenbacher, wobei einige Lieferanten aus der Region stammen. Geräu-

Pâtisserie im Schwarzwald – Sophia Sauters Tarte au Citron

Urig, süß und salzig – Stollenbacher Hof

cherte Wildbratwürste mit badischem Kartoffelsalat wären ein Beispiel für ein regionaltypisches Vesper nach einer Tour oder einem Skitag. Daneben gibt es ein wechselndes Wochengericht. Stollenbacher-Eis machen die beiden selbst, es wird auch im Becher vor Ort verkauft.

Berg, Sicht und Leute Der große Parkplatz am Stollenbach ist ein günstiger Ausgangspunkt für Rundwanderungen, Ski- und Schneeschuhtouren im Feldberg-Gebiet (im Winter Skilift-Betrieb); zudem ein beliebtes Ziel für Mountainbiker.

Der Lift am Nordhang gegenüber vom Stollenbacher Hof führt über eine Distanz von 800 Metern zur 1.300 m hohen Bergstation am Toten Mann; diverse Wanderrouten führen über die Stollenbacher Weide zum Toten Mann (1.321 m) und von dort auf attraktiven Wegen weiter über die Wegweiser Hauseckhalde und Immisberg ins Feldberggebiet.

Vom Toten Mann hat man einen grandiosen Blick nach Westen auf das Land am Oberrhein mit Freiburg, Kaiserstuhl und den Vogesen.

Der freiburgnahe Wanderparkplatz auf 1.075 Metern Höhe

Start und Ziel – Stollenbacher Hof

Genug Platz und Panorama – auf der Stollenbacher Weide

sorgt wie der Liftbetrieb je nach Saison für einigen Betrieb. Dies trotz der Zufahrt auf buckligem Asphalt, die in Spitzkehren aus dem Zastlertal bergauf führt. Lupenreine Bergidylle darf man um die Talstation am Stollenbach also nicht erwarten, eher typischen Saisonbetrieb. Auf den reizvollen Wanderwegen in Richtung Stollenbacher Weide, Ahornkopf und Toter Mann nimmt der Almauftrieb aber bald ab.

Das Extra Übernachten kann man auch auf dem Stollenbacher Hof; neben einem Matratzenlager für bis zu 12 Personen gibt es zwei Doppel- und ein Dreibettzimmer.

Berggasthaus Stollenbacher Hof, Stollenbacherstraße 8, 79254 Oberried-Zastler, Tel. 07661-4519; stollenbacher-huette.de. Öffnungszeiten: Mittwoch bis Sonntag 11.30 - 19.30 Uhr, Montag und Dienstag Ruhetag.

Erst Kurhotel, dann Landfrauencafé – Goldene Krone

27

Café Goldene Krone

LandFrauenCafé in St. Märgen

Der erste Blick Mitten in St. Märgen strahlt die Goldene Krone in kaiserlichem Gelb. 1753 zunächst als Pilgerherberge gegenüber des ehemaligen Augustinerklosters erbaut, entwickelte sich das Haus während der Belle Epoque zu einem eleganten Kurhotel. Eine Zeit lang zählte die Goldene Krone zu den führenden Häusern im Schwarzwald. Gäste aus Europa kamen nach St. Märgen, auch Künstler und Gelehrte. Philosophen wie Martin Heidegger und sein Lehrer Edmund Husserl trafen sich auf dem Wald zum Wandern und Debattieren.

Wie anderswo im Schwarzwald waren die fetten Jahre der Goldenen Krone eine Episode. Im späten 20. Jahrhundert blieben Gäste aus; das Anwesen stand 15 Jahr leer. Eine lokale Bürgerinitiative rettete das denkmalgeschützte Gebäude schließlich vor dem drohenden Verfall.

Bei den aufwändigen Renovierungsarbeiten konnte viel von der ursprünglichen Bausubstanz erhalten werden. Seit 2004 strahlt die Goldene Krone wieder in neuem Glanz, das Gebäude beherbergt neben dem Café auch einen Jugendstil-Festsaal sowie Wohnungen in den oberen Stockwerken.

Duft und Atmosphäre – Goldene Krone, St. Märgen

Schlicht, aber wertig verarbeitetes Holz, der flaschengrüne Kachelofen und blanke Dielenböden prägen das gediegen-stilvolle Ambiente. Zu Ortsmitte und Klosterhof hin schließt sich ein Café-Garten an. Das genossenschaftlich organisierte Geschäftsmodell, das den Landfrauen familienfreundliche Arbeitsplätze in Teilzeit bietet, wurde mehrfach ausgezeichnet. Die Idee zum Café enwickelte sich im Übrigen aus der zunächst ehrenamtlich gebotenen Verpflegung für Handwerker, die am Umbau beteiligt waren.

Zu beachten wäre, daß die Goldene Krone zu einem überregional bekannten und erfolgreichen Modellprojekt wurde. Besonders an Wochenenden ist mit einigem Andrang zu rechnen.

Heiß und kalt, süß und salzig Im Speiseangebot sind beliebte Etikette wie Nachhaltigkeit und Bio keine modernen Floskeln. Natürliche, qualitative Grundprodukte von regionalen Lieferanten waren von Anfang an selbstverständlich. Die Landfrauen leben, kochen und servieren mit ihrem gewachsenen Wissen in der Goldenen Krone eben das, was sie auch zu Hause auf dem Hof leben. Somit genießt der Gast authentische hausgemachte Qualität.

Die Eleganz des Schlichten – im Café Goldene Krone

Täglich stehen mindestens sechs frisch gebackene Torten und Kuchen zur Auswahl, darunter die obligatorische Schwarzwälder, die hier besonders zu empfehlen ist. Lockerer Schoko-Bisquit, an Sahne und Kirschwasser wird nicht gespart. Auch der Käsekuchen, gekrönt mit einer Baiserhaube und ein Bienenstich mit Birnen-Einlage und Obstkuchen schmecken ausgezeichnet. Eine weitere Hausspezialität ist die fruchtige Holunderblütentorte. Übers Sortiment gesehen, gehören die Kuchen der Goldenen Krone zur Spitze in der Region.

Auch das deftig-salzige Programm kann mithalten. Wer nach einer Wanderung oder nach der Thurner-Loipe einen Platz am Kachelofen gefunden hat und eine Terrine mit Nudelsuppe serviert bekommt, wird so bald nicht aufstehen wollen. Zur Hausspezialität wurde der Käsemichel, ein Bio-Weichkäse mit einer überbackenen Quark-Butterteig-Decke.

Bei den Getränken sind die hausgemachten Limonaden zu empfehlen; zu jedem Kaffee gibt es ein Glas St. Märgener Brunnenwasser, das auch in der Karaffe als preiswertes Tafelwasser serviert wird. Ins Café integriert ist ein *Lädele* mit regionaler Feinkost, Büchern und handwerklichen Geschenken.

Dem Himmel nah – St. Märgen

Panorama, Land und Leute St. Märgens sonnige Lage auf einem Hochplateau um 900 Meter Höhe garantiert beste Wandermöglichkeiten, auch im Winter. Es gibt herrliche Panorama- und Rundwege. Einer führt zur Landmarke Rankmühle. Verewigt unter anderem von den Schwarzwald-Malern Hauptmann und Dischler. Wanderwegweiser u.a. bei der Goldenen Krone am Rathausplatz, an der Wagensteigstraße und beim Gasthaus Hirschen.

Ein Besuch der Wallfahrtskirche Mariä Himmelfahrt mit ihren markanten Doppeltürmen lohnt ebenso wie der des Klostermuseums mit Exponaten zur regionalen Kulturgeschichte.

St. Märgen steht auch für den Schwarzwälder oder „St. Märgener Fuchs". Einst zur Waldarbeit gezüchtet, wird das Pferd mit der hellblonden Mähne heute als Freizeitpferd gehalten. Alle drei Jahre wird am zweiten Septemberwochenende das *Rossfest* gefeiert.

Café Goldene Krone, Wagensteigstraße 10, 79274 St. Märgen; cafe-goldene-krone.de; Tel. 07669-9399988. Öffnungszeiten: Mittwoch bis Sonntag (und Feiertage) von 12 - 18 Uhr.

Einfach dasein – Café Goldene Krone

Ohne Bollenhut – Café Bergfried

Bergfried

Ein Café und ein Gästezimmer in Todtnauberg

Der erste Blick Schon die Auffahrt von der Notschrei-Strecke ins Hochtal von Todtnauberg ist ein Erlebnis. Vor Jahren wurden die Böschungen der Kreisstraße K 6307 aus Sicherheitsgründen von alten Bäumen frei geschlagen. Seither bietet die Partie nach Todtnauberg auf den letzten beiden Kilometern ein Panorama vom Wiesental bis zu den Alpen.

Oben im Bergdorf mit den weit verstreuten Ortsteilen empfängt das Bergfried Café zunächst auf eher zurückhaltende Weise. Die dunkle Holzfassade mit dem tief heruntergezogenen Dach hat eine verglaste Fensterfront, was den kleinen Gastraum hell und freundlich wirken läßt. Eine offene Caféküche und ein kleiner Holzofen setzen Akzente – und nichts im Blick, was das Auge stört. Kein Wälderkitsch, nirgends. Eine lange Holzbank und das schlichte Metallmobiliar vor dem Café betonen das besondere Ambiente auch im Außenbereich.

Das Haus Bergfried, dessen Besitzerin Anja Eckmann auch ein Doppelzimmer mit Bad und Terrasse im 1. Stock vermietet, sorgt auf unaufgeregte Art für eine urbane Note im Hoch-

Einkehr mit Handschrift

schwarzwald. Kein Wunder, die Gastgeberin ist in Freiburg
aufgewachsen.

Heiß und kalt, süß und salzig Anja Eckmann bereitet alle
Speisen eigenhändig in ihrer kleinen Küche zu. Die Kuchenauswahl ist klein, aber fein. Anjas Käsekuchen überzeugt schon
optisch – so animierend kann ein Käsekuchen aussehen und
so schmeckt er auch! Geschmeidig und vanillig, nicht fett und
mastig. Die Obstkuchen haben allesamt ein erfreuliches Obst/
Teig-Verhältnis: dünner Boden, reichlich Belag. Die Gefrier-
truhe am Eingang hält eine Auswahl von der Ebringer Bio-
Eismanufaktur Bolleschlotzer vor. Hausgemachte Suppen und
Panini sorgen für das Salz im Angebot, der aromatische Kaffee
läuft aus einer Siebträgermaschine.

Bitte beachten: zum Eingang ins Café geht es linker Hand
eine kleine Treppe hoch, aber zunächst fällt der Blick gerade-
aus auf ein Buntglasfenster. Das Motiv erinnert beim flüchti-
gen Blick vielleicht an ein Kirchenfenster, erst beim genauen
Hinsehen erkennt man die Ski-Szene. Das ungewöhnliche Fen-

Vanillig – Käsekuchen im Bergfried

ster erinnert an jene Zeit, als das Todtnauberger Skischulbüro im Haus untergebracht war.

Berg und Leute Wie mancher traditionsreiche Ferienort im Schwarzwald blieb auch Todtnauberg von touristischem Niedergang und gastronomischer Ausdünnung nicht verschont. Wer je das Glück hatte, in den 1960er und 1970er Jahren einen perfekten Skitag nebst der vielfältigen örtlichen Gastronomie zu erleben, denkt sicher mit Wehmut an diese Zeit. Auch deshalb ist man dankbar, wenn es Initiativen wie das Bergfried gibt. Gäste und Einheimische schätzen den Platz und den zugewandten Service der Gastgeberin gleichermaßen. Schade nur, daß der Innenraum der Oase recht klein ist, in der Ferienzeit kann es auch mal eng werden.

Gleich nebenan Im Ort sorgt der Verein *Liebenswertes Todtnauberg* für etwas frischen Wind im touristischen Angebot. Auch Einheimische profitieren von den Verschönerungsmaßnahmen. Dazu gehört auch die Sommerfrische des kleinen,

Ein Hochtal als Bühne – Todtnauberg

am Ortseingang beim Stübenbächle gelegenen Höhenfreiba-
des. Das liebenswerte Idyll auf knapp 1.000 Metern sorgt im
Hochsommer für Erfrischung nach einer Tour, oder für einen
tatenlosen vertrödelten Nachmittag auf der Liegewiese.

Eines der Vereins-Projekte läßt sich gut in eine Höhenwanderung über die Panoramawege des Hochtals um Todtnauberg
einbauen. Die mit 44 Metern längste Aussichtsbank der Welt
ist eine Station mit Alpenblick, sie steht auf dem Stübenwasen
auf gut 1.300 Metern Höhe.

Bester Ausgangspunkt ist der günstig gelegene Wanderpark-

platz am *Radschert* auf 1.156 Metern Höhe. Von hier aus läßt sich das Hochtal auch auf den Wegen von Martin Heidegger und Paul Celan erwandern (*Heideggers Hütte* steht am Waldrand oberhalb vom Glöcklehof). Der Höhenweg ab Radschert in Richtung Stübenwasen und Wegkreuz Berger Höhe bietet großartige Panoramen. Jedes Jahr im November gibt es das Festival *Todtnauberg liest.*

Bergfried Café + ein Zimmer, Kreuzmattstraße 18, 79674 Todtnauberg. Tel. 07671-999 46 10; bergfried-cafe.de; 12 - 18 Uhr, Mittwoch und Donnerstag Ruhetag

Feingebäck im neuen alten Bahnhof

29

Café und Gaststätte Bahnhof

Unkomplizierter Treffpunkt in Münstertals Mitte

Der erste Blick Mit der Modernisierung der Münstertalbahn wandelte sich auch das ehemalige Bahnhofsgebäude an der Endhaltestelle. Seit 2015 gibt es nun ein Café im sanierten Münstertäler Bahnhof, ein lange vernachlässigtes Gebäude wurde damit zu einem Treffpunkt. Optisch erwartet den Besucher ein Stilmix im gemäßigten Industrie-Design: Backsteinmauern, Sichtgebälk, ein Wintergarten mit offenem Kamin sorgt für Licht und Ausblick. Anschließend ein Saal mit Kleinkunstbühne. In der Barzone wurden Details von damals wie der ehemalige Fahrkartenschalter ansehnlich in Szene gesetzt. Draußen gibt es eine großzügige Terrasse, der Blick geht zur steilen Nordwestflanke des Belchen, mit 1.414 Metern der vierthöchste Gipfel des Schwarzwaldes.

Sophie und Philip Jansen heißen die jungen Gastgeber. Die beiden wirken engagiert und dank Ausbildungen wissen sie auch, was in der zeitgemäßen Kommunikations-Gastronomie ankommt. Sophie ist Konditormeisterin und Betriebswirtin, Philip Koch, Bäckermeister und Konditor. Sophie war bereits

Gekonnt und geflämmt – Sophie Jansens Tortenhandwerk

Mitarbeiterin bei den Vorpächtern der Lokalität und als sich die Gelegenheit bot, den Bahnhof in Eigenregie weiterzuführen, haben die beiden zugeschlagen.

Heiß und kalt, süß und salzig Samstags und sonntags gibt es ein größeres Kuchenangebot. Neben klassischen Torten wie der Schwarzwälder entstehen in der hauseigenen Konditorei auch sogenannte „Bömble", kleine Formate mit reizender Optik. Basis ist ein Bisquitboden, darauf kommt eine Sahnemousse, ausdekoriert wird mit Früchten oder einer Schokoladenhülle. Je nach Saison gibt es verschiedene Modelle, zum Beispiel Joghurt-Erdbeere oder Joghurt-Passionsfrucht. All die süßen Stücke des Hauses tragen die Handschrift der Chefin, die ihre Ausbildung als jahrgangsbeste Konditorin der Handwerkskammer Freiburg abgeschlossen hat.

Auch das Speiseeis für die üppigen Eisbecher ist hausgemacht, Brot wird ebenfalls selbst gebacken. Als Mischbrot, halb Weizen- halb Roggenmehl mit einem kleinen Anteil Sauerteig. Das Besondere an der Rezeptur ist das sogenannte Kochstück, vor der eigentlichen Teigzubereitung wird ein Teil des Was-

Ein Platz für alle – Bahnhof Münstertal

sers aufgekocht, mit Mehl vermischt und nach dem Abkühlen zum Teig gegeben. So wird die Feuchtigkeit im Teig besser gebunden und das Brot bleibt länger frisch. Obwohl Bäckermeister Philipp Jansen das Brotrezept entwickelt hat, bäckt es Mitarbeiter Florian Wiesler. „Florians Backstubenbrot" wird nicht nur im Restaurant zu den Speisen gereicht, es kann auch samstags ab 14 Uhr entweder als Pfünderle oder als Kilostück am Fenster der Backstube gekauft werden.

In der Bahnhofsküche gilt „Hier kocht der Chef". Zu Jansens Specials zählen frisch zubereitete, opulent belegte Burger. Alle Komponenten, auch Dips, Soßen und Burgerbrötchen sind selbstgemacht. Auch eine Veggie-Burger-Variante mit Mozzarella von der Münstertäler Käserei *Glocknerhof* ist im Programm. Neben Klassikern gibt es auch wechselnde Tagesgerichte und Saisonales. Im Tal aufgewachsen ist Jansen gut bekannt mit heimischen Produzenten und so steht auch mal Wild von der Jagdgemeinschaft Belchen auf der Karte.

Tal und Leute Eine Anfahrt mit der Münstertalbahn über Bad Krozingen und Staufen bietet sich dank der bewirteten End-

Exponiert gelegen – Kloster St. Trudpert

haltestelle im Tal geradezu an. Gäste treffen sich im zentral gelegenen Bahnhof nach Wanderung oder Radtour; für Einheimische ist der Bahnhof mehr als ein Kaffee- und Kuchenziel: auch als unkomplizierter Treff zum Feierabend hat sich das Lokal etabliert. Gut mit einer Bahnhofseinkehr zu kombinieren wäre ein Besuch der barocken Klosterkirche *St. Trudpert* wenig weiter talaufwärts. Die Ursprünge des markant gelegenen Benediktinerklosters reichen ins 7. Jahrhundert zurück.

Gleich nebenan Ab Bahnhof Münstertal, Kloster oder Spielweg-Obermünstertal locken Wanderoptionen vom sonnigen Panoramaweg bis zur fordernden Bergtour Richtung Belchen, Schauinsland oder Wiedener Eck.

Die Geschichte des Münstertäler Erzbergbaus wird im Besuchsbergwerk *Teufelsgrund* anschaulich; der Stollenzugang liegt im Ortsteil Multen, vier Kilometer vom Bahnhof Münstertal.

Bahnhof Münstertal, Belchenstraße 24, 79244 Münstertal. Tel. 07636-787 757 10; aktuelle Öffnungszeiten: bahnhof-muenstertal.de. Im Bahnhof öfter Veranstaltungen, auch private Feiern sind möglich.

▲ **Münstertal ist Wandertal**   ▼ **Am Neuhof bei Obermünstertal**

Staufener Wahrzeichen – das Café an der Brücke

30

Café Decker

Café, Konditorei und Institution in Staufen

Der erste Blick   Selten, daß der Name eines Cafés und eine Kleinstadt im Breisgau so oft in einem Satz genannt werden. Das Café Decker gehört zum Inventar Staufens und so gehört zu einer Visite von Staufen der Besuch im Café Decker. Der Gast betritt einen Klassiker mit großem Konditorei-Schauraum, Vollsortiment und emsigem Kaffeebetrieb auf zwei Etagen. Präsentation und Stimmung sprechen schon im Eingangsbereich für sich – hier ist die Institution am Platz.

Man erwarte kein modisch aufgehübschtes Szenecafé mit Filterkaffee-Sommeliers, auch keine stille Stube, sondern einen lebhaften Klassiker durch und durch. Die überaus verlockend bestückte Theke mit Gebäck, Kuchen und Torten ist ein erster Blickfang, die Damen im Verkauf haben stets gut zu tun. Dahinter beginnt das lang gestreckte und traditionell möblierte Café mit seiner markanten Fensterfront längs des Neumagens. Über dem Café eine große verglaste Terrasse mit Ausblick auf Burg, Stadt und Fluß.

Süße Stücke ohne Ende – Café Decker

An Ausflugstagen erinnert der lebhafte Betrieb an ein Bienenhaus. Mußestunden gibt es im Decker eher zu außergewöhnlichen Zeiten, jedenfalls nicht während der Saison, wenn der Zulauf in Staufens bildhübsche Gassen mit intakter Ladenstruktur ohnehin beachtlich ist. Mag der ländliche Raum anderswo austrocknen, in Staufen rauschen Bächle und Besucher längs der Hauptstraße. Dazu strahlt die rebumkränzte Burgruine und im Café Decker steht man wie so oft in zwei Reihen vor den süßen Stücken des Hauses.

Gegründet wurde das Café 1961 von Hermann Decker, der aus Offenburg nach Staufen kam. Nach dem Tod des stets präsenten Patrons im Jahr 2020 führen Tochter Sabine Decker-Pahlke und ihr Mann Markus Pahlke sein Lebenswerk weiter; beide hatten schon seit 2005 die gemeinsame Geschäftsführung übernommen.

Heiß und kalt, süß und salzig Das Konditorei- und Confiserie-Angebot erscheint außergewöhnlich reichhaltig und prächtig präsentiert. Täglich gibt es im Decker mehr als zwanzig ver-

Cremeschnitten und Polsterbank – Café Decker, Staufen

schiedene Torten und Kuchen. Neben Klassikern wie Schwarzwälder Kirschtorte sind Spezialitäten wie die Agnes Bernauer (Mandel-Baiser Torte mit Mokka-Buttercreme-Füllung), Zuger Kirschtorte oder auch eine Tessiner Himbeersahne zu haben.

In der Kirschensaison gehört der saftig-nussige, locker gebackene Kischplotzer (mit ganzen nicht entsteinten Kirschen) zur Spitze im Lande. Dekorative Petits Fours, die immense Auswahl an Obst-Törtchen, süßen Stückchen und Cremeschnitten lockt auch Kunden aus der Schweiz und dem Elsaß ins Decker.

Pralinen und Schokoladen werden in einer eigenen Theke angeboten, alle werden nach Hausrezept handwerklich hergestellt. Für die geistvollen Füllungen trifft es sich, daß die Brennerei Schladerer in direkter Nachbarschaft des Café Decker produziert.

Kleine warme Mittagsgerichte wie Suppen, Quiches, Toasts, Königinpastete werden über Mittag bis 14.30 Uhr angeboten (nicht an Sonn- und Feiertagen). Erfreulich große Auswahl an Blatt-Tee.

Steillagen-Weinbau und Panorama – Staufener Schloßberg

Land und Leute Über die Jahre wurde das Café Decker zu einer Art zweitem Wohnzimmer für Generationen von Staufenern. Zudem ist der Name eine Marke in einem großen Einzugsgebiet. Viele französische, viele Schweizer Stammgäste. Kein Ausflug nach Staufen ohne Besuch des Café Decker.

Gleich nebenan Der kleine Aufstieg zur Burgruine aus dem 12. Jahrhundert führt über historische Rebterrassen und entlang aufwendig sanierter Trockenmauern. Vermutlich begann der Weinbau am Staufener Burgberg bereits im 1. Jahrhundert nach Christus. Die 375 Meter hoch gelegene Höhenburg der Herren von Staufen bietet ein umfassendes und selten anschauliches Panorama auf die Landschaft am Oberrhein mit Breisgau, Markgräflerland, Vogesen und Südschwarzwald.

Auch die gut erhaltene mittelalterliche Struktur der Staufener Altstadt wird durch den Blick auf die Staufener Dach-

landschaft ebenso deutlich wie das dynamische Wachstum der Stadt an ihren Rändern im Südwesten.

Das Extra Deckers betreiben auch einen Online-Shop, er bietet eine enorme Auswahl an Pralinen und Schokoladen, Teegebäck, Linzertorte etc.; auch die beiden Backbücher der Familie Decker sind dort zu bestellen.

Café Decker, Bäckerei, Konditorei, Confiserie, Hauptstraße 70, 79219 Stauten, Tel. 07633-5316; cafe-decker.de. Öffnungszeiten: Dienstag bis Samstag 6.30 - 18 Uhr, Sonn- und Feiertage 13.30 - 18 Uhr. Montag Ruhetag

Nur in Schliengen zu haben – Hummeltorte im Café Hummel

31

Café Hummel

Wohnzimmercafé im Wohngebiet in Schliengen

Der erste Blick Wer es nicht besser weiß, vermutet in dem Jägerzaun-Wohngebiet des Markgräfler Winzerortes Schliengen kein Café. Das 50er-Jahre-Wohnhaus liegt etwas abseits der Bundesstraße 3, halb versteckt hinter einem Vorgarten an der Unteren Biefangstraße. Auf dem Anwesen mit altem Baumbestand ist noch das Gästehaus der ehemaligen Frühstückspension Hummel zu erkennen, als dreistöckiger Anbau aus den 70er Jahren.

Besitzerin und Gastgeberin Susanne Hummel-Sum hat sich mit ihrer Caféstube einen lang gehegten Lebenswunsch erfüllt. Als im Wohnhaus der Familie Platz frei wurde, richtete die ausgebildete Hotelfachfrau ein kleines Café mit 15 Sitzplätzen ein.

Die familiär-persönliche Handschrift ist auch im Café-Betrieb spürbar. Parkettboden und Heizungkörper-Verkleidungen aus Holz sorgen für nostalgischen Charme, dazu paßt das helle neuere Mobiliar, ebenso wie die moderne Beleuchtung.

Linzertorte hinter Jägerzaun – Café Hummel

Ein Blechschild an der Wand erinnert an eine alte Müllheimer Kinowerbung: „Und nachher gehen auch wir zum Karl Hummel, Schliengen". Karl Hummel war Susanne Hummel-Sums Onkel, er betrieb lange Zeit ein Café am Ort. Offensichtlich hat seine Nichte das Talent zum Backen geerbt.

Der lauschige Garten beim Haus paßt zum Haus, hier warten bei schönem Wetter weitere Sitzplätze im Halbschatten von Ziergehölz und – besonders reizvoll – unter dem ausladenden Blätterschirm einer Magnolie.

Heiß und kalt, süß und salzig Backen war für die engagierte Gastgeberin schon immer eine Leidenschaft. Anfangs für die Gäste der Frühstückspension und die eigene Familie, später dann auch für die örtliche Gastronomie. Auch den ein oder anderen Weihnachtsmarkt-Stand hat Susanne Hummel-Sum mit ihren hervorragenden Linzertorten bereichert, für die selbstverständlich Markgräfler Walnüsse verwendet werden.

Im eigenen Café kann die Gastgeberin nun die Breite ihres Backhandwerkes präsentieren, wozu auch eine eigene Haus-

Wohnzimmer wird Gaststube – im Café Hummel

marke gehört: Die *Hummeltorte* ist ein Käsekuchen, verfeinert mit einer Schicht aus Mohnmasse und gekrönt mit einer hell und dunkel gestreiften Florentinerkruste. Eine Hummel on top schmückt das Ganze als Markenzeichen. Auch wegen einer seltenen Regionalspezialität lohnt die Fahrt nach Schliengen: Die Agnes Bernauer Torte ist eine mehrschichtige Mokka-Buttercreme auf Mandelbaiser-Basis. Hier gilt: möglichst keine Kalorien zählen! Neben den Obstkuchen der Saison gibt es stets auch Klassiker wie Engadiner Nusstorte und selbstverständlich die gesetzte Lokalspezialität: saftig-mürbe und aromatische Linzertorte. Beim Getränkeangebot fällt die Auswahl an Bio Tees auf.

Luft, Land und Leute Schon bald nach der Eröffnung des Cafés gab es eine treue Fangemeinde. Zum Besucherstamm zählen Einheimische und Tortentouristen aus den umliegenden Markgräfler Gemeinden. Kurgäste aus dem nahen Bad Bellingen erweitern im Café Hummel ihre Therapie um süße Anwendungen.

Ein Energieriegel – Agnes Bernauer Torte, Café Hummel

Gleich nebenan Als Ausflugsoption bietet sich eine Exkursion nach *Schloß Bürgeln* an. Der „Tempel des Markgräflerlandes" thront über dem Obst- und Weinland im Eggener Tal auf der Westflanke des Blauen. Von den Schloßterrassen und Rosengärten hat man eine bezaubernde Aussicht auf das Dreiländereck mit Markgräflerland, Vogesen und Schweiz. In Schliengen und im idyllisch versteckten Ortsteil Mauchen gibt es mehrere Weingüter.

Es gibt gleich mehrere günstig gelegene Wanderparkplätze für Touren im Eggener Tal, das besonders zur Obstblüte viel besucht und bewandert wird. Darunter: Der *Stalten* oberhalb der Reblage Paradies bei Müllheim-Feldberg oder der Sattel auf der *Stelli* im Wandergebiet zwischen Schliengen-Niedereggenen und Kandern-Feuerbach.

Das Extra Linzertorten im handlichen Format liegen hübsch verpackt im Café aus, ein Mitbringsel zu jeder Jahreszeit.

Café Hummel, Untere Biefangstraße 15, 79418 Schliengen, Tel: 07635-1349. hummel-cafe.de; Öffnungszeiten: Samstag und Sonntag 13 - 17 Uhr.

Im Café wie zuhause – Hummel-Terrasse

Alles auf Rosen – Teegedeck in Ettenbühl

32

Landhaus Ettenbühl

Teatime, Rosen und Gärten in Bad Bellingen-Hertingen

Der erste Blick Eine Bühne der englischen Gartenkultur im tiefen Markgräflerland. Ein ursprünglich privater Rosengarten auf einem Siedlerhof wurde nach und nach zu einer englischen Parklandschaft mit thematischen Gartenzimmern entwickelt. Rosen sind immer noch der Markenkern der Anlage – es gibt über 1000 Sorten – Ettenbühl verfügt aber inzwischen auch über 25 Themengärten mit Bäumen, Sträuchern und Pflanzen aus aller Welt. Darunter ein Hainbuchen-Labyrinth, eine Mammutbaum-Allee und ein barocker Buchsgarten, um nur drei Beispiele zu nennen. Eine Gärtnerei, ein Laden im Brit-Style und ein Café-Restaurant mit Gartenterrasse gehören ebenfalls zur weitläufigen Parkanlage.

Die Gasträume wurden im englischen Landhaus-Stil eingerichtet, im Winter knistert es – isn't it cosy? – in Öfen und Kaminen. Eine Umgebung wie gemacht für eine englische Teatime, was aber nur eine Option wäre. Ein Besuch der Parks lohnt sich auch, wenn die Rosensaison vorbei ist. Im Herbst

German Gemütlichkeit – Teestube in Ettenbühl

kommt der Indian Summer über Ettenbühl, Bäume und Stauden leuchten dann in allen erdenklichen Gelb-, Orange- und Rottönen,

Heiß und kalt, süß und salzig Nachmittags ab 15 Uhr wird im Restaurant, sommers auch im angeschlossenen Teegarten, eine *Original Classic English Teatime* angeboten. Stilgerecht serviert auf dreistöckigen Etageren gibt es die obligatorischen Sandwiches mit Lachs, Ei und Gurke, Scones mit Clotted Cream und Erdbeer- sowie Orangenmarmelade, zum Abschluss süße Törtchen. Alles ist frisch und hausgemacht. Die Portionen der Teatime sind so großzügig bemessen, daß sie ein spätes Mittag- oder frühes Abendessen ersetzen. Auch beim Tee wird nicht gespart, weder an Qualität noch an Quantität.

Eine Besonderheit Ettenbühls ist, daß jeder Tea-Time-Gast seine eigene große Porzellankanne bekommt. Auch die Tee-Auswahl ist beeindruckend, neben Schwarztee-Klassikern wie Earl Grey oder Darjeeling gibt es auch feine Hausmischungen aus Kräutern und Früchten. Ganztägig sind im Restaurantbereich Cream Tea (Tee mit Scones und Clotted Cream), Kaffee

Frisch geschnitten – Gartenzimmer in Ettenbühl

und Kuchen sowie deftige Snacks zu haben. Frühstück wird ebenfalls täglich angeboten.

Wer Teatime oder Lunch direkt in der Parklandschaft genießen möchte, kann sich einen Picknick-Korb bestellen. Überall im Park verstreut sind geeignete Plätze eigens ausgewiesen. So kann man im Schatten der Parkbäume, umgeben von Rosenduft und Blauenblick, vom englischen Landadel träumen.

Landschaft und Leute Das Landhaus Ettenbühl hat einen hohen, weit überregionalen Bekanntheitsgrad, zu den Gästen zählen Gruppen und Busreisende. Grundsätzlich ist mit einem großen Besucherandrang zu rechnen. Vielleicht sucht man sich – speziell zur Teatime – einen Schlechtwetter- oder Nebensaisontag aus, wobei das nicht so einfach zu organisieren ist, frühzeitige Reservierung ist unabdingbar.

Gleich nebenan Ein Ausflug nach Ettenbühl lässt sich gut mit dem Besuch des Naturschutzgebietes am *Isteiner Klotz* verbinden. Das zum Rheintal markant abfallende Felsriff ist eine Landmarke zwischen Istein und Kleinkems, entstanden aus Ablagerungen von Jurakalk, die auf ein prähistorisches

Landmarke im Südwesten – Vituskapelle am Isteiner Klotz

Korallenriff verweisen. Spektakulär, wie sich die Vituskapelle, errichtet um 1100, in eine Felsnische der steil aufragenden Wand kauert – man fühlt sich ein wenig an die griechischen Meteora-Klöster erinnert.

Der nächstliegende Wanderparkplatz für Touren im Rebland am Klotz wäre in Huttingen oben am Sportplatz oder in Istein am Friedhof. Auch der kleinteilige historische Dorfkern von Istein ist besuchenswert.

Das Extra Ettenbühl richtet auch private Feierlichkeiten aus, beliebt ist das Anwesen für Hochzeitsfeiern. Ganzjährig finden zahlreiche Veranstaltungen statt: Kurse und Events, die von Theateraufführungen über Whisky Tasting bis zum Chorfestival reichen. Für Rosenfreunde gibt es Kurse mit dem englischen Gartenflüsterer John Scarman.

Landhaus Ettenbühl, Hof Ettenbühl, 79415 Bad Bellingen-Hertingen; Tel. 07635-827970; landhaus-ettenbuehl.de. Öffnungszeiten: täglich 10 - 18 Uhr, in der Hauptsaison sind die Gärten bis Einbruch der Dunkelheit geöffnet.

Ein Park, viele Bilder – Ettenbühl

Einkehr mit Vergangenheit – Café Inka

33

Café Inka

Geschichten und Waien im Innenhof, Weil-Ötlingen

Der erste Blick Ötlingens Schauseite thront auf dem Rücken des Tüllinger Bergs. Mit jedem Straßenmeter in Richtung Oberdorf gewinnt das Panorama mit Basler Bucht, Rheinknie und Dreiländereck – ein Dorf wird zur Veranda. In einem historischen Markgräfler Vierseitenhof des Oberdorfs liegt auch das Café Inka. In früheren Zeiten war in dem Anwesen das heute gegenüber liegende *Gasthaus Ochsen* beheimatet. Namenspate und Zier des heutigen Café Inka ist eine denkmalgeschützte Panoramatapete, die den Gastraum schmückt.

Die Tapete wurde 1819 in einer Pariser Manufaktur für den damaligen Ochsen-Saal gefertigt. Nach einem langen Dornröschenschlaf wurde das Kunstwerk erst 1988 zufällig wiederentdeckt und aufwändig restauriert. Die Bildmotive zeigen Szenen aus dem Leben der Inkas vor der Zerstörung ihres Reiches. Das Inka-Anwesen hat aber noch mehr historische Substanz. Scheunenwände aus Bruchstein rahmen einen gepflasterten Innenhof, auch der kleine Laubengang mit drei Café-Tischen

Gehören zum Inventar – Obstwaien im Cafe Inka

ziert die atmosphärisch-ländliche Einkehr und ihr gepflegtes Ambiente. Auf der Nordseite des Innenhofes befindet sich mit dem ehemaligen Atelier des Lörracher Malers und Grafikers *Hermann Daur* (1870-1925) ein weiteres kulturelles Erbe.

Diana Just und Ronja Thudichum führen das Café Inka seit Mitte 2021. Ronja ist ausgebildete Hotelfachfrau, nach Stationen in der Region, auch im Grand Hotel Drei Könige in Basel, führt sie den Service souverän. Dies gilt selbst an Tagen mit Hochbetrieb, die im Inka fast zur Normalität gehören.

Der Eigentümer der Liegenschaft, Karl-Heinz Koger, ist froh, mit den beiden jungen Gastgeberinnen ein Pächterpaar gefunden zu haben, die das Café mit Respekt vor der historischen Bedeutung des Platzes führen. Koger selbst hatte zusammen mit seiner Frau das Café Inka im Jahr 1994 eröffnet und 21 Jahre lang bewirtet.

Heiß und kalt, süß und salzig Küchenchefin Diana Just stammt aus dem Erzgebirge. Nach Wanderjahren in der ge-

Reizendes Refugium – Innenhof Café Inka

hobenen Gastronomie in der Schweiz und im Dreiländereck bietet sie im Inka nun ein Programm, das eine ausgewogene Mischung aus süß und salzig bietet. Torten und Kuchen bäckt Diana täglich, der Gast hat die Wahl zwischen vier Torten und sechs Kuchen, ein Teil davon wird im Sommer auch in einem kleinen Ape-Kuchenmobil im Innenhof präsentiert.

Wer das so beliebte wie bewährte Angebot im Café bereits länger kennt, wird sich freuen, daß die Tradition der Obst- und Käsewaien über alle Pächterwechsel hinweg fortgeführt wurde. Neben den Obstwaien (mit viel Frucht, dünnen Böden, dezenter Süße) gibt es auch eine üppige Käsewaie, für die Diana würzigen Berg-Heumilchkäse verwendet. Außerdem steht ein bunter Haussalat mit Wildkräutern auf der Karte, ebenso ein Wurstsalat sowie bunt garniertes ofenfrisches Bauernbrot mit wahlweise drei Belägen.

Zusätzlich gibt es Wochenempfehlungen, sowohl süß als auch salzig, stets orientiert an der Saison. Das könnte dann

Die Veranda im Südwesten – Ötlingens Schaufront

im Herbst in der süßen Abteilung ein Herbstbecher mit Wal-
nusseis und glasierten Trauben sein; zur Mittagseinkehr auch
mal ein Kalbsrücken in Pilzrahm.

Luft, Land und Leute Seit seiner Eröffnung zählt das Café
Inka zu den gastronomischen Dauerläufern im Dreiländereck. Ausflügler und Liebhaber der ländlichen Inka-Stimmung
kommen auch zu den neuen Pächterinnen. Allen Besuchern
muß freilich klar sein, daß der Platz – wie Ötlingen überhaupt
– an Wochenenden fast überrannt wird. Mitunter erscheint
das Dorf dann wie eine erste Anlaufstelle von Riehener und

Basler Stadtmigranten. Gerade aus der Schweiz kommt die Inka-Kundschaft so zahlreich wie eh und je, was sich natürlich auch im Preisniveau niederschlägt.

Gleich nebenan Ötlingens rebumkränzte Prachtlage wäre allein schon einen Besuch wert. Ein Bummel durch den Ortskern mit den historischen, teils auch denkmalgeschützten Höfen lohnt in jedem Fall. Die großformatige und expressive Fassaden-Kunst im *ART-Dorf* zeigt Kunstwollen in mancher Form und Farbe.

Eine etwa fünf Kilometer lange Runde um den Tüllinger Berg

Fest fürs Auge – Hermann Daur Hütte bei Ötlingen

zählt zu den klassischen Landschaftspromenaden im Südwesten. Reizvolle Wege führen auf mehreren Höhenstufen über das Land am Dreiländereck. Je nach gewählter Etage geht man durch Wald, Streuobstwiesen, Reb- und Kleingartenland, dazu gibt es Aussichtsplätze, Ruhebänke und Landschaftsbilder in stetem Wechsel.

Beginn der Panoramawege ab Wanderwegweiser am oberen Ötlinger Dorfbrunnen oder auch am Parkplatz beim Friedhof an der Käferholzstraße. Bei der Daurhütte, nach dem Maler Daur benannt, stößt man auf den Westweg, der am Waldrand bis zur Tüllinger Höhe führt. Vom Lindenplatz aus öffnet sich dann einmal mehr ein großartiger Blick aufs Dreiländereck.

Zurück führt der historische Marktfrauenweg über die Westseite des Tüllinger bis nach Ötlingen. Auch auf dieser Route begeistert ein anregender Wechsel von Landschaftsformen und Begegnungen, darunter Motive wie sie Hermann Daur auch in seinen Dorf- und Landschaftsbildern festgehalten hat.

Café Inka, Dorfstraße 95, 79576 Weil am Rhein–Ötlingen, Tel. 07621-953 99 25; cafeinka.de. Öffnungszeiten: Donnerstag - Montag 11 - 18 Uhr, Dienstag und Mittwoch Ruhetag

Baselblick – am Tüllinger Lindenplatz

Romantik und Panorama – Tüllinger Lindenplatz

Auszeit mit Stil – Villa 1902

34

Villa 19hundert02

Gepflegtes Café in der Villa, Lörrach-Brombach

Der erste Blick Lörrachs nordöstlicher Stadtteil Brombach bietet mit der denkmalgeschützten Villa 1902 einen Platz für gepflegte Kaffeestunden. Das Jugendstilgebäude, das sein Baujahr im Namen trägt, fällt an der Lörracher Straße sofort auf. In repräsentativen Gründerzeitvillen wie dieser erwartet man sonst eher Kanzleien oder Praxen.

In den Innenräumen im Hochparterre wird der besserbürgerliche Charme der Epoche auf stilvolle Art präsentiert. Fischgrät-Parkett im Salon, Dielenböden vor der Kuchentheke, die original erhaltene Fliesenkeramik im Flur und hohe Decken sind prägende Elemente. Bleiverglasungen, ein Erker und ein bemerkenswert schöner Kachelofen ergänzen und kontrastieren das moderne Mobiliar – hier entstand ein wertiger Platz zum Ankommen und Wohlfühlen.

„Aufmerksamer Service, gute Umfangsformen, Leidenschaft, für das was wir tun." Das Credo, mit dem der Gast auf einer Tafel vor dem Eingang begrüßt wird, gibt auch den Ton im

Unsere Kuchen aus der Villa 19hundert
sind so lecker, weil:

• Wir backen mit Deutscher Markenbutter
und frischer Sahne

• Wir verwenden frische Eier…
Ei für Ei aus Bodenhaltung

• Unsere Teige haben Zeit zum Ruhen

• Wir arbeiten mit bester Belgischer
Schokolade

• Wir backen traditionell, handwerklich nach
alten Rezepten
und benutzen zeitgemäße Technik

• Wir lassen uns immer wieder inspirieren
und sind offen für Neues

• Wir arbeiten mit Leidenschaft und
sind mit Überzeugung bei der Sache

Handwerk & Leidenschaft – Credo in der Villa 1902, Brombach

Haus vor. Für Gäste und Gastgeber. Dörthe und Carsten Stein betreiben die Villa 1902 seit 2019. Davor war das Ehepaar lange Jahre für die Gastronomie auf der Lörracher Burg Rötteln verantwortlich. Daß die beiden Profis sind, spürt der Gast sofort, auch das Service-Team ist freundlich und aufmerksam. In der warmen Jahreszeit gibt es zusätzliche Plätze vor dem Haus. Hier sitzt der Gast auf klassischen Biergartenstühlen im Schatten einer mächtigen Linde.

Heiß und kalt, süß und salzig Die Villa 1902 bietet nicht nur Kaffee und Kuchen, sondern auch diverse Frühstücksarrangements und einen kleinen Mittagstisch. Bei vielen Speisen wird auf frische und saisonale Produkte geachtet. Gastgeber Carsten Stein und eine Patissière backen alle Kuchen und Torten selbst. Wer es üppig mag, genießt eine wahrlich barocke Torte aus weißer und dunkler Mousse au Chocolat. Intensiv schokoladig kommt auch die saftige Schokoladen-Tarte daher. Klassiker wie Käsekuchen, Quark-Sahnetorte und diverse Obstkuchen nach

Original-Interieur – Glaskunst in der Villa 1902

Saison sind ebenfalls zu haben. Für Allergiker gibt es einen mehlfreien Haselnuss-Schokoladenkuchen.

Ein Frühstück ist entweder aus einzelnen Komponenten wie einem Mailänder Salami-Teller oder Joghurt-Granola mit Früchten bestellbar oder auch fertig kombiniert, darunter das kleine, das süße oder das vegetarische Frühstück. Mittags gibt es wechselnde kleinere Gerichte wie Gemüse-Quiches, Pasta oder reichhaltige Suppen mit Brot.

Land & Leute Die Villa ist ein beliebter Ort zum Plausch unter Freundinnen geworden. Ebenso werden Geburtstage, Jubiläen und Kaffeestunden inszeniert. Die Atmosphäre im Haus zieht Menschen an, die einen Sinn für soziale Rituale haben und besonderes Ambiente schätzen. Obwohl die meisten Gäste sich dezent unterhalten, kann es bei vollem Haus auf dem Parkett auch mal etwas lauter werden.

Gleich nebenan Für ein Begleitprogramm vor oder nach dem Besuch des Cafés bietet Lörrachs Lage im Dreiländereck ge-

Freisitz unter der Linde – Villa 1902, Lörrach-Brombach

nug Möglichkeiten. Zur Rheinpromenade an der *Kleinbasler Riviera* sind es gerade einmal zehn Kilometer, ins französische *St. Louis* nur 15; dort am Samstagvormittag ein lohnender Wochenmarkt.

Das *Vitra Design Museum* in Weil liegt gleich um die Ecke. Die Burg Rötteln bei Lörrach ist eine der größten Burgruinen Südbadens, von dort hätte man imposante Aussicht über die Rheinebene bis zu den Alpen.

Das Extra In der Villa 1902 kann man nicht nur gepflegt Kaffee trinken sondern auch übernachten. Im Obergeschoss und im Dachgeschoss befinden sich jeweils drei individuell eingerichtete Apartments. Auch hier sorgen Designer-Möbel und edle Materialien für gehobenes Flair; alle sechs Zimmer wurden mit 1,60 Meter breiten Boxspringbetten ausgestattet.

Villa 19hundert02, Lörracher Straße 48, 79541 Lörrach, Tel. 07621-770 40 50. villa1902.de. Öffnungszeiten: Dienstag bis Freitag von 8 - 18 Uhr, Samstag 8 - 17 Uhr. Sonntag und Montag Ruhetag

Muße und Parkett – Salon der Villa 1902

Einladung zur Landpartie

35

Café Kleiner Onkel

Modernes Café im Grünen, Lörrach-Inzlingen

Der erste Blick An der Bundesstraße 316 zwischen Lörrach und Rheinfelden liegt das Gestüt Waidhof im grünen Weideland. Die Eltern der Gastgeberin Michelle Allgöwer züchten hier Pferde. Auf dem weitläufigen Gelände werden auch Turniere und Pferdesport-Veranstaltungen ausgetragen.

Das Café Kleiner Onkel wurde im Juni 2020 in einer ehemaligen Werkstatt des Gehöfts eingerichtet, direkt neben den Ökonomiegebäuden und Stallungen. Der Gastraum im alten Gemäuer mit rohen Backsteinwänden wirkt angenehm schlicht und reduziert eingerichtet. Das Mobiliar aus Holz, Metall und einige zeitgenössische Zutaten könnte auch in einem angesagten Großstadt-Café stehen; wenig erinnert hier an das oft etwas bemüht-rustikal inzenierte Scheunenambiente von ländlichen Hof-Cafés.

Auch draußen vor dem Café mit großer Glasfront sitzt man angenehm und gut unterhalten. Unter dem Vordach wird der Gast zum Teil des Gestütsbetriebs. Pferde kommen aus ihren

Zimtschnecken nahe der Koppel

Boxen, je nach Windrichtung duftet es nach Café von nebenan oder den Vierbeinern auf der Koppel.

Heiß und kalt, süß und salzig Michelle Allgöwers Credo lautet: Weniger ist mehr. Alle Kuchen und Flammkuchen backt die Chefin selbst, sie wird dabei von ihrer Mutter unterstützt. Im Angebot sind Klassiker wie Zwetschgenwaien (die alemannische Variante flacher (Obst-)kuchen), Rüblitorte, Apfelkuchen und Zitronenschnitten.

Ein Schweden-Urlaub inspirierte Allgöwer nicht nur zum Namen ihres Cafés, sondern auch zu einer Spezialität im Kleinen Onkel: *Kanelboller* heißen die in Schweden geliebten Zimtschnecken im Ikea-Sound, auch sie sind selbst gebacken. Nach Pippi Langstrumpf klingt auch das Frühstücksangebot: Wer *Herrn Nilsson* bestellt, wird mit veganem wie hausgemachten Aufstrichen und frischem Obst bedient.

Die Flammkuchen heißen im „Kleinen Onkel" Dinnele wie

im Schwäbischen, es gibt sie mit Schmand, Zwiebeln und Schwarzwälder Schinken oder mit Tomate-Mozzarella. Der Kaffee kommt von der Ulmer Rösterei Seeberger, den Tee liefert Bennys Teeladen aus Lörrach, der zu den hervorragenden Teegeschäften im Dreiland zählt.

Tiere, Land und Leute Auf dem Waidhof gab es früher einen stattlichen und weit über Lörrach-Inzlingen hinaus bekannten Gasthof (Kochlegende Vincent Klink verbrachte Wanderjahre hier). Schon seit Jahren liegt das einst renommierte Gasthaus im Dornröschenschlaf. Die Hofanlage blieb aber Erholungs- und Mußeziel für Städter am Rheinknie. Auch Schweizer kommen gerne über die nahe Grenze, um naturnah und atmosphärisch einzukehren. Natürlich zieht das Gestüt auch Familien mit Kindern an. Der fröhliche Charme der jungen Chefin ist ein Grund mehr, daß der Kleine Onkel von Anfang an eine Gemeinde fand.

Landmarke am Hochrhein – Wasserschloß Inzlingen

Gleich nebenan In Inzlingen böte sich eine Runde um das Wasserschloss an. Westlich des Schlosses befindet sich ein Parkplatz als Ausgangspunkt; zwischen Waidhof und Inzlingen liegt der zentrale Waldparkplatz am Inzlinger Kreuz.

Eine weitere sehenswerte Schloßanlage liegt nur 12 Kilometer weiter am Hochrheinufer: Schloß Beuggen, erbaut im 13. Jahrhundert war über fünf Jahrhunderte Sitz des Deutschen Ritterordens. Nach Zwischennutzungen als Lazarett, Kinderheim und Tagungsstätte wird das Schloß nach dem jüngsten Verkauf auch gastronomisch genutzt.

Das Extra Außerhalb der Öffnungszeiten kann der Kleine Onkel auch für Anlässe, Seminare und Feierlichkeiten gemietet werden. Der Pferdesportclub Waidhof e.V. veranstaltet regelmäßig Reitturniere mit Derby- und Vielseitigkeitsprüfungen, auch klassischer Dressursport steht auf dem Programm.

Café Kleiner Onkel, Waidhof 5, 79594 Inzlingen. Tel. 07621-443 52; kleiner-onkel.de. Öffnungszeiten: Samstag und Sonntag 9 - 17 Uhr.

Landlust 2.0 – Café Kleiner Onkel

Caféstunde mit Kurparkcharme

36

Café Villa Berberich

Nostalgisches Kurpark-Café in Bad Säckingen

Der erste Blick   Die großbürgerliche Villa Berberich steht wie ein Zeugnis vergangener Tage am Rande des städtischen Kurparks. Eine ehemalige Fabrikantenvilla, erbaut 1874 vom Textil-Industriellen Ignaz Berberich, dem Gründer der Weberei und Stoffdruckerei Berberich & Co – ein Prachtbau im klassizistischen Stil. Nach der hohen Zeit der Textilindustrie am Hochrhein wurde die Villa ab 1940 als Klinik genutzt, später stand das Anwesen leer, zeitweise drohte der Abriss. Inzwischen gehört das denkmalgeschütze Gebäude der Stadt. Das Café befindet sich im Erdgeschoss der Villa, die der Stadt auch als Kulturhaus dient.

Seit 2017 führt das Gastronomenpaar Maria und Edoardo Martelli das Café, beide kommen aus dem Friaul. Die Gastgeber sind froh, daß ihnen die Konditorin Gertrud Böhler als Seele des Hauses erhalten blieb. Zu Beginn des Café-Betriebes im Jahr 1983 begann Böhler ihre Ausbildung in der Villa Berberich und seither blieb sie der Institution treu.

Nostalgie im Salon – Cafe Villa Berberich

Das großbürgerliche Ambiente des Anwesens empfängt den Gast im Eingangsbereich mit historischen Bodenfließen und einem prächtigen Treppenaufgang. Das Café selbst mit Textiltapeten, historischem Mobiliar und Ölgemälden ist eine Augenweide für Nostalgiker. Highlight ist die große Terrasse mit Blick auf den Kurpark und seinem großen Springbrunnen.

Heiß und kalt, süß und salzig Zum täglichen Tortenangebot gehören zehn bis zwölf verschiedene Sorten, am Wochenende durchaus ein paar mehr. Es gibt feine Sahnetorten mit lockeren Biskuits, Schwarzwälder Kirschtorte, Obstkuchen nach Saison, auch eine Romanovtorte mit Erdbeeren. Hausspezialität ist die Berberich-Kugel, zwei in Rum getränkte Biskuit-Törtchen, gefüllt mit einer französischen Nusscreme, umhüllt von Marzipan und überzogen mit Vollmich- oder Bitterschokolade. Auch die Confiserie wird vor Ort produziert, sie bietet eine große Auswahl an Trüffeln und Pralinen.

Mittags kocht Signor Martelli ein frisches Tagesgericht, im

Nostalgischer Schwung in der Villa Berberich

freien Wechsel Pasta-Spezialitäten aus seiner Heimat und „typisch deutsch" wie Sauerbraten und Hirschgulasch.

Stadt, Land und Leute Die Villa Berberich wird gerne von Patienten der umliegenden Kurkliniken besucht; auch ältere Bad Säckinger Damen treffen sich hier gerne zum Kaffeekränzchen. Der Service trägt zur nostalgischen Kaffeehausatmosphäre bei, bedient wird in klassischem schwarz-weiß, freundlich und unaufgeregt.

Gleich nebenan Fast ein Pflichtprogramm für Besucher Säckingens ist die alte Holzbrücke über den Rhein, die bereits 1272 urkundlich erwähnt wurde. Mit 206,5 Metern ist das Bauwerk die längste gedeckte Holzbrücke Europas. Auch das Fridolinsmünster mit seinen doppelten Zwiebeltürmen ist einen Besuch wert.

Wer auf den Spuren des Biedermeier-Dichters Joseph Victor von Scheffels gehen möchte, dem sei eine Runde um den nahe gelegenen Bergsee empfohlen. Der befindet sich wald-

Land- und Kahnpartie – Bergsee bei Säckingen

umschlossen, 100 Höhenmeter über und 2,5 km nördlich von Bad Säckingen (Wanderparkplatz Bergsee, Bergseestraße 93).

Am südlichen Ufer des kleinen Sees liegt ein Restaurant, das auch Tretboote verleiht. Der *Scheffelfesen* liegt gleich am Nordufer, beim Wanderwegweiser Bergseekurve (387 m).

Das Extra Die *Hans-Thoma-Stube* des Cafés kann für private Feiern gemietet werden, sie ist mit Bildern des Schwarzwaldmalers aus Bernau geschmückt und erinnert an dessen Zeit in Bad Säckingen.

Kurpark-Café Villa Berberich, Parkstraße 1, 79713 Bad Säckingen, Telefon: 07761-7478. Öffnungszeiten: 11.30 - 18 Uhr, Dienstag und Freitag Ruhetag.

Landmarken in Säckingen – Holzbrücke und Fridolinsmünster

Kreuzfahrt auf dem Hochrhein bei Säckingen

Gut gerüstet – Café Gretstube

37

Gret-Stube

Landpartie und Rosengärten in Weilheim-Nöggenschwiel

Der erste Blick Nöggenschwiel liegt auf einem Hochplateau am Südrand des Schwarzwaldes, bei klarem Wetter locken Alpenblick und Rosenduft – je nach Jahreszeit. Schon seit Mitte der 1960er Jahre wirbt der kleine Ortsteil der Gemeinde Weilheim (720-780 m, 700 Einwohner) im Namen der Rose. Motiviert durch den Wettbewerb „Unser Dorf soll schöner werden" und unterstützt vom damaligen Gartendirektor der Insel Mainau wurden Einwohner Nöggenschwiels zu Rosenkuratoren. Und so gibt es heute im ganzen Ort kaum ein Haus ohne Rosenstock. Nebenbei wird auch die Frostverträglichkeit neuer Züchtungen getestet. Höhepunkt des Nöggenschwieler Rosenjahres sind die alljährlichen Rosentage an einem Wochenende Anfang Juli.

Mitten im Ort liegt die Gret-Stube, ein aufwändig saniertes ehemaliges Bauernhaus aus dem Jahr 1865. Das Café vermittelt gediegene Bodenständigkeit, der Gast fühlt sich gebor-

Sonnenschein und Alpenblick – Café Gret-Stube

gen wie in der Stube eines Schwarzwälder Großbauern. Ein historisches Ensemble wertiger Tische und Stühle sorgt für einen aufgeräumt-klaren Raumeindruck, der sich angenehm von Cafés unterscheidet, die eine billige Resterampe als angesagten „Shabby Chic" verkaufen. Passend zur angenehmen Atmosphäre agiert der aufmerksame Service. Landfrauen im positiven Wortsinne umsorgen den Gast. Man fühlt sich angekommen und aufgehoben in der Gret-Stube.

Heiß und kalt, süß und salzig Gleich beim Eintreten präsentiert eine große Vitrine die opulente Torten- und Kuchenauswahl. Das Team um Chefin Hannelore Zanotti weiß wie eine Schwarzwälder sein muß, um Gäste glücklich zu machen. Ein ausgewogenes Sahne-Boden-Verhältnis und bloß kein Geiz beim Einsatz von Kirschwasser.

Neben Klassikern wie Käsekuchen, Rüblitorte, Apfelkuchen, Rum-Sahne-Torte mit Windbeuteln lockt hier mit der feinen Zuger Kirschtorte eine Reverenz an die vielen Fans aus der

Historisch, klar, wertig – Café Gret-Stube

nahen Schweiz. Außerdem gibt es Rumkugeln im XL-Format und kleine, cremige Schokotörtchen.

Bemerkenswert, daß in der Gret-Stube täglich ab 7.30 Uhr wechselndes Frühstück angeboten wird. Beim Start in den Tag genießt der Gast das meiste hausgemacht, diverse Fruchtaufstriche, frisch zubereitetes Birchermüsli mit Früchten, Obstsalat, Wurst und Käse aus der Region. Wer mag, kann seinen Schwarzwälder Schinken nach Gusto selbst hauchdünn aufschneiden. Die große rote italienische Aufschnittmaschine ist ein weiterer Hingucker in der guten Schwarzwälder Stube.

Über Mittag gibt es täglich wechselnde Tagesangebote, durchgehend bietet die Küche kleinere warme Gerichte.

Land und Leute Auch außerhalb der eigentlichen Rosentage Anfang Juli zieht das attraktiv gelegene Dorf einige Gäste an. Gerade Naturliebhabern bietet Nöggenschwiel während der gesamten Gartensaison Form, Farbe und Duft in vielen Variationen.

Holz, Zeit, Würde – Café Gret-Stube

Vollblüte im Rosendorf – der Juli in Nöggenschwiel

Auch der beliebte Wohnmobilstellplatz direkt vor dem Anwesen sorgt für Besucher, für Wanderer und Radfahrer ist Nöggenschwiel eine günstig gelegene Etappe auf einer Tour zwischen den Tälern von Alb, Schwarza und Schlücht.

Aus der Fülle an Rosengärten sei besonders der Rosen-Duft-Garten am Kirchplatz empfohlen. Kaum 100 Meter vom Café entfernt, können sich Rosenfreunde an 140 verschiedenen Duftrosensorten erquicken. 200 Meter weiter lockt am Rosenweg ein Sortimentsgarten mit 2000 Stöcken und 187 Sorten.

Gleich nebenan Für Tourenfreunde ist Nöggenschwiel ein günstiger Ausgangspunkt für Rundwanderungen, auch einen *Rosenwanderweg* mit Alpensicht und Schwarzwälder Panoramen gibt es. Ausgangspunkt ist die Rosendorfhalle in Nöggenschwiel. Die Gesamtstrecke des Rosenwanderweges beträgt satte 32 Kilometer, die Route führt über sämtliche Ortsteile der Gemeinde Weilheim. Ausgeschilderte Abkürzungen ermöglichen aber auch Varianten, so daß für jeden etwas dabei ist. Die

Wo es noch Landstraßen gibt – Nöggenschwiel

Strecke verläuft über gut ausgeschilderte Wege durch Wälder und entlang von Wiesen; unterwegs immer wieder Rastplätze und Aussichtspunkte auf das Land am Hochrhein. Zentraler Wanderwegweiser in Nöggenschwiel beim Info-Stand am Raff-Platz (712 m).

Das Extra Zur Gret-Stube gehört auch der *Kultur-Schopf*. Die Scheune mit rauen Backsteinwänden, kleiner Bühne und Galerie kann auch für private Feierlichkeiten gemietet werden. Im Festsaal ist Platz für bis zu 50 Personen.

Der angeschlossene Wohnmobilstellplatz bietet drei Stellplätze in ruhig-ländlicher Umgebung. Man könnte aber auch in einem der vier Doppelzimmer oder in zwei Ferienwohnungen übernachten.

Gret-Stube, Fohrenbachstraße 5, 79809 Weilheim-Nöggenschwiel. Tel. 07755-288 98-70; gret-stube.de. Öffnungszeiten: 7.30 - 18 Uhr, von April bis September Montag Ruhetag, von Oktober bis März Montag und Dienstag Ruhetag

Ein Bild von einem Fenster – Gret-Stube, Nöggenschwiel

Gut und bürgerlich – Ratsstüble in Waldshut

38

Kaffeehaus Ratsstüble

Klassiker in Waldshut

Der erste Blick Waldshuts Altstadt, besonders die schmucke Kaiserstraße mit den mittelalterlichen Stadttoren an beiden Enden, zeugt bis heute von der historischen Bedeutung der Kleinstadt am Hochrhein als habsburgischer Verwaltungssitz und florierende Handelsstadt. Mitten im verkehrsfreien Kern der Altstadt liegt das Ratsstüble mit 150 Jahren Handwerks-Tradition.

Die schmale Fassade des dreistöckigen Hauses in zuckerbäkkerrosa und das kunstfertig geschmiedete Kaffeehaus-Schild über dem Eingang sind erste Zeichen für die Sorgfalt, die im Inneren waltet. Im Verkaufsraum im Erdgeschoss fällt der Blick rechts gleich auf eine üppig bestückte Tortenvitrine, links auf eine erstaunlich große Vielfalt an Pralinen und Schokoladen. Das Ladenlokal mit hellem Holz, Glas und Messing hat ein wohltuend nostalgisches Ambiente, kleine Lüster an der Wand sorgen für eine Prise Noblesse. Die 30 Mitarbeiter des Ratsstüble handwerken auf drei Etagen.

Lockend bestückt – Süßwarenkarussell im Ratsstüble

Eine Treppe aus weißem Marmor führt ins Kaffeehaus im ersten Obergeschoss, wo der Gast gediegen empfangen wird. Der honigfarbene Holzton des Ladens wird hier vom Mobiliar aufgenommen; Glasplatten auf den Tischen und geraffte Stores mit Goldkante stehen für eine Bürgerlichkeit, die es so nicht mehr häufig gibt.

Besonders sind auch die Stühle, im Holzfurnier der Lehnen erkennt man das eingeprägte Logo des Ratsstübles. Gastgeber Jörg Holzbach wurde zu dieser Idee im legendären Grand Café Gerbeaud in Budapest angeregt.

Heiß und kalt, süß und salzig Daß Silke und Jörg Holzbach leidenschaftliche Konditoren sind, ahnt und schmeckt der Gast sofort. Die Schwäbin und der Westerwälder haben das Ratsstüble im Jahr 2001 übernommen, seither gibt es hier nicht nur außergewöhnliche Vielfalt, sondern auch Qualität ohne Kompromisse. Der Betrieb ist seit 2006 Mitglied im *Circle de Qualité*, einer Vereinigung führender Kaffeehäuser in Süddeutschland.

Hektiker müssen leider draußen bleiben – 1. Stock, Ratsstüble   239

Wonne auf Marmor – Torten im Ratsstüble

Lange haben die Holzbachs an Hausspezialitäten gefeilt, darunter eine Schokosahne-Birnen-Torte, die mit einem Minimum an Gelatine auskommt und besonders leicht und cremig schmeckt. Die intensiv-aromatische Schokosahne vereint sich mit Birne und Vanillesahne zum stimmigen Genuß. Auch die Obsttorten mit Baiserhaube (Johannisbeer oder Rhabarber) sind sehr zu empfehlen. Klassiker wie Frankfurter Kranz (fünfschichtig gefüllt!), Bienenstich, Käsesahne und weitere Sahnetorten sind täglich frisch zu haben, ebenso vorzügliche kleine Obsttörtchen und Fruchtbömbchen.

Die Confiserie bietet 30 Sorten Trüffel und Pralinen. Dabei dominieren geisthaltige Füllungen wie Grand Marnier, Champagner, Kirschwasser, Calvados et. al. Keine Klasse-Konditorei ohne Macarons: im Ratsstüble gibt es die Spezialität in den klassischen Varianten Zitrone, Schokolade, Mocca, Pistazie und Himbeere. Tafelschokoladen mit einem Kakao-Anteil bis 85% gibt es pur oder mit Füllungen wie Orange, Cranberry oder auch mit Chilli.

Erst bummeln, dann einkehren – Kaiserstraße in Waldshut

Beliebt ist das Frühstücksangebot im Ratsstüble, speziell das *Genießer-Frühstück* mit Räucherlachs, Schinken, Ei und Sekt. Die Karte bietet auch Suppen, Salate und kleine Gerichte wie Forellenfilet und Quiches sowie ein wöchentlich wechselndes Mittagsmenü. Alles wird hier frisch zubereitet, auch das Eis wird im Ratsstüble selbst hergestellt.

Der Kaffee des Hauses kommt von der Schweizer Traditions-rösterei Graf im Aargauischen Baden. Er schmeckt kräftig, aber nicht bitter, wie man es am Schweizer Kaffee schätzt; durch das schonende Röstverfahren ist er sehr bekömmlich.

Fluss, Land und Leute Traditionell und verläßlich wie das Café Ratsstüble ist auch sein Publikum. Stammgäste aus Waldshut und vom Hochrhein fühlen sich in der gediegenen Institution wohl. Jüngeres Publikum kommt gerne zum Frühstücken. Die Altstadt von Waldshut lohnt einen Bummel, der leicht mit einem Kaffeehausbesuch gerundet werden kann; draußen auf der Kaiserstraße bietet das Ratsstüble Plätze im Freien.

Gelände für Felsenstürmer – Blick ins Schlüchttal

Einen schönen Blick über den Rhein gibt es am kleinen Platz mit Bänken beim Albrecht-Kino, Bernhalde 1.

Gleich nebenan In der Nähe bietet sich eine reizvolle Wanderung im Schlüchttal an. Die *Felsenstürmer-Tour* startet in Witznau gegenüber vom ehemaligen Gasthaus Witznau (Witznau 2, 79777 Ühlingen-Birkendorf). Die 7,5 km lange Rundwanderung führt über der tief eingeschnittenen Schlucht der Schlücht entlang und bietet für den Schwarzwald bemerkenswerte Felsformationen und Tiefblicke auf den größten Nebenfluß der Wutach.

Das Extra Wer sich ein Familienwappen oder sein Firmenlogo auf eine Praline prägen lassen will, kann dies bei Holzbachs in Auftrag geben. Muster liegen im Laden aus. Hier gibt es Orange-Nougat-Pralinen mit dem Logo des „Circle de Qualité" oder einer Alt-Waldshuter Stadtansicht.

Kaffeehaus, Konditorei, Confiserie Ratsstüble, Kaiserstraße 26, 79761 Waldshut, Tel. 07751-3580; cafe-ratsstueble.de. Öffnungszeiten: Dienstag bis Samstag von 8 - 18 Uhr, Sonn- und Feiertage von 10.30 bis 18 Uhr, Montag Ruhetag

Dicht am Laufsteg – Café Vordergasse

39

Café Vordergasse

Zwei Salons in der Altstadt, CH-Schaffhausen

Der erste Blick Bei Schaffhausen denkt der Besucher wohl eher an den Rheinfall als an Kaffeehäuser. In der historischen Vordergasse gibt es aber gleich zwei besonders reizvolle Café-Adressen. Allein die wären Grund genug für einen Abstecher in die mittelalterliche Altstadt mit ihren geschmückten Fassaden und Erkern.

Ein Traditionscafé, von Einheimischen *das Vordergässli* genannt, ist exemplarisch für den Baustil der Bürgerhäuser in Schaffhausens Altstadt. Ein trapezförmiger Erker mit Muschelfuß ziert die schmale Fassade und verrät den ehemaligen Namen des Gebäudes aus dem Jahr 1730: *Haus zum Schwarzen Adler*.

Vor dem Café kann man sprichwörtlich auf der Gass' sitzen und damit unmittelbar in der Fußgängerzone – also wäre hier ein stimmungsvoller Platz zum sehen und gesehen werden. Im Café tritt man dann in eine ganz andere Welt: zwei tiefe Gasträume folgen aufeinander, erst ein bißchen Wien, dann ein bißchen Paris. In beiden scheint die Zeit wie angehalten,

Fassadenpracht in der Vordergasse, CH-Schaffhausen

wozu auch die schweren Teppichböden mit den überschwäng-
lich floralen Ornamenten beitragen. Der vordere Raum, überwiegend in dunklem Rot, erinnert mit Thonet-Stühlen und
den runden Spiegeln an ein Wiener Kaffeehaus. Der Eindruck
verstärkt sich beim Blick auf die Zeitungen, die hier noch nach
alter Sitte auf Holzstäbe gespannt ausliegen, ebenso Zeitschrif-
ten in ungewöhnlich großer Auswahl.

Der hintere Gastraum ist eine besondere Schmuckstu-
be. Eine exotische Statue dient als dekorativer Sockel einer
Messing-Leuchte und als seltener Blickfang in der Zeitkapsel.
Der Gast assoziiert Länder, in denen Kaffeebohnen wachsen,
möchte bleiben und träumen – lederbezogene Sitzbänke laden
zur Gedankenreise ein. Hier wäre aber auch ein geeigneter Ort,
um sich einer Neuen Zürcher von A bis Z zu widmen.

Heiß und kalt, süß und salzig Ein Tag in Schaffhausen könnte
mit einem Frühstück im Café Vordergasse beginnen. Im Familienbetrieb wird alles hausgemacht, ob Birchermüsli, Fruchtsa-
lat oder Nussbrot, ebenso die Patisserie. Der Schwerpunkt

Gut bestückt – Kuchenvitrine, Café Vordergasse

beim süßen Angebot liegt auf Obstkuchen nach Saison, die haben nach guter Schweizer Bäckertradition einen nicht zu dicken, gut gebackenen Boden und damit auch ein erfreuliches Verhältnis Obst / Boden. Auch für seine Gemüse-Quiches ist das Café Vordergasse bekannt. Eine separat angerichtete Portion gemischter Salate begleitet die großzügig portionierten Stükke. Sandwiches, wie ein Dänisches Eierbrot oder Chäs-Brötli ergänzen das solide Angebot.

Land und Leute Der ausgesprochen freundliche und ungezwungene Service trägt zum Willkommensein im Vordergässli bei. Familien sitzen gerne draußen, regelmäßig kommen junge Paare, auch ältere Herrschaften, die drinnen Zeitung lesen möchten. In der Sommersaison sorgt der Hochrhein- und Wasserfall-Tourismus für Besucher. Wer keinen Hochbetrieb mag, besuche das attraktive Café nicht gerade zur Haupt-Ferienzeit.

Da das Café am nördlichen Ende der Fußgängerzone liegt, ist es zugleich ein strategisch günstiger Ausgangspunkt. Auf einem Rundgang durch Schaffhausens Altstadt kann man sich

Schaffhausen ohne Rheinfall geht fast nicht

von der Strömung treiben lassen, durch verwinkelte Gassen in denen es sage und schreibe 171 Erker geben soll.

Gleich nebenan Ein reizend gelegenes Fluß-Freibad ist die *Badi-Bachdelle* bei CH-Dachsen. Das in bester Schweizer Manier gepflegte Freibad liegt in den Auenwäldern direkt am Hochrheinufer, etwa sechs Kilometer rheinabwärts von Schaffhausen. Die Badi paßt mit ihrer ruhigen Stimmung gut zum Besuch im historischen Schaffhausen; an Wochenenden gibt es einen Badeboot-Service rheinaufwärts bis zum Rheinfall (mehr Details: badi-info.ch).

Das Extra Besonders atmosphärisch sitzt man an Dienstagen und Samstagen auf der Vordergass im Freien. Das Geschehen an den Markttagen läßt sich dann vom Kaffeetisch aus beobachten; Dienstags von 7 bis 11 Uhr, samstags von 7 bis 12 Uhr.

Café Vordergasse, Vordergasse 79, CH-8200 Schaffhausen; Tel. +41-52-625 50 30; facebook.com/CafeVordergasse. Öffnungszeiten: Montag bis Freitag 7.45 - 18 Uhr, Samstag bis 17 Uhr, Sonntag 9 - 18 Uhr

Nachrichten zum Anfassen – im Café Vordergasse

Klare Kante – Milleniums Erker, Confiserie Rohr

40

Confiserie Rohr

Confiserie-Handwerk seit 1844, CH-Schaffhausen

Der erste Blick Mit Erkern an der Schaufront seiner Stadthäuser demonstrierte das Schaffhauser Bürgertum einst seinen Wohlstand. Ein architektonischer Nachzügler dieser Tradition ist an der lindgrünen Fassade der Confiserie Rohr zu sehen. Der sogenannte „Millenium-Erker" ist ein moderner, formal strenger Glaskubus, er erweitert seit 1999 das erste Obergeschoss des Cafés.

Der Tisch im Erker dürfte ein bevorzugter Platz im Café sein, von hier aus kann der Gast das Geschehen in der Vordergasse bestens beobachten. Ansonsten erinnert der Gastraum mit den warmen Farben und dunklen Lederpolstern ein wenig an den Stil eines Wiener Kaffeehauses. Sitznischen teilen den Raum in einzelne Zonen, Deckenelemente aus Mahagoniholz und Marmortische betonen eine im angenehmen Sinne zeitferne, zugleich auch elegante Atmosphäre.

Im Ladengeschäft im Erdgeschoss ist der lange Schwung der Verkaufstheke der Blickfang – das reiche Sortiment an

In Reih' und Glied – Trüffelparade, Confiserie Rohr

Confiserie-Spezialitäten in den Auslagen ist eine Augenweide. Die Damen im Verkauf offerieren voll Selbstbewußtsein das hochwertige Angebot.

Heiß und kalt, süß und salzig 1844 war das Gründungsjahr der Schokoladenmanufaktur und bis heute bietet die Confiserie Rohr eine selten breite Auswahl an feinsten Trüffeln, Pralinen, Schokoladen und Hausrezepturen. *Rohrstengel, Rohr-Züngli, Schaffhauser Medaillons* und *Altstadt Bsetzti Stei* sind exklusive Spezialitäten. Wie alle Confiserie-Produkte werden auch die *Glacés* im Haus gemacht.

Probiert haben sollte man die legendäre Schaffhauser Birnentorte sowie die nach einer Rezeptur der Pariser Konditorei *Lenôtre* hergestellten Croissants (nur samstags). Nuß-Gipfeli schmecken in der Schweiz ja fast überall gut, in der Confiserie Rohr sind sie jedoch ein Genuss mit üppig bemessener Füllung. Laugengebäck, Sandwiches und Canapés, die schon

Doppelpack – süße und salzige Theke in der Confiserie Rohr

eine Freude für's Auge sind, stillen die salzigen Gelüste. Für den Café Crème wird eine spezielle Hausmischung verwendet.

Luft, Stadt und Leute Eine junge „Serviertochter" bringt Jugendlichkeit und Schwung unter die Gäste, die mehrheitlich im reifen Alter sind. Elegante Schaffhauser Damen treffen sich nach dem Einkaufen hier auf einen Kaffee. Aber auch Touristen bleiben gerne hängen, besonders während der wärmeren Monate, wenn man sich auf der Vordergasse gerne zum Leutegucken niederläßt.

Das Extra Besonders interessant sitzt man an den beiden Markttagen Dienstag und Samstag draußen (vgl. dazu die Fotos auf der nächsten Doppelseite).

Confiserie Rohr, Vordergasse 57, CH-8200 Schaffhausen; Tel. +41-52-625 40 21; confiserie rohr.ch. Öffnungszeiten: Dienstag bis Freitag 7 - 18.30 Uhr, Samstag 7 - 16.30 Uhr. Sonntag und Montag Ruhetag.

Latte Macchiato und Dampflok – Café Jim Knöpfle

41

Café Jim Knöpfle

Modernes Café, historische Eisenbahn, Blumberg

Der erste Blick „Eine Insel mit zwei Bergen" – der Titelsong des Kinderfilms *Jim Knopf und Lukas der Lokomotivführer* kommt einem in den Sinn, wenn das Firmenlogo am Bäckerei-Café erscheint. Die Lokomotive aus dem Lied hat in Blumberg eine doppelte Bedeutung: sie symbolisiert nicht nur das Wortspiel mit dem Gastgeber-Namen „Knöpfle", sie schlägt auch den Bogen zum Standort des Cafés direkt am Beginn der Sauschwänzlebahn. Seit 2014 steht der auffällig schnörkellose Kubus aus Stahl und Glas am Kreisverkehr der B 27 vor Blumberg im Schwarzwald-Baar-Kreis.

Industrie-Design bestimmt auch den Innenraum. Dabei sind unverputzte Backsteinwände und große schwarze Industrielampen die auffallenden Elemente. Die SB-Theke reicht über die ganze Breite des Verkaufsraumes. Die Café-Terrasse gibt den Blick frei auf die alte schwarze Lokomotive und die Wagen der nostalgischen Schwarzwald-Bahn.

Bereits im Jahr 2001 hat Chefin Nicole Stöckle zusammen mit ihrem Mann Stefan den Betrieb von den Schwiegereltern

Modern, praktisch, gut – Bäckerei und Café Jim Knöpfle

übernommen. Die studierte Jung-Unternehmerin entwickelte den Betrieb zusammen mit ihrem Mann – heute arbeiten bei Knöpfle 60 Mitarbeiter. Entstanden ist eine moderne Bäckerei, aber eine mit Tradition. Der Betrieb wurde bereits 1911 gegründet, er gilt in Blumberg als Institution. Auch am Stammsitz in der Stadtmitte betreibt die Familie ein Café.

Heiß und kalt, süß und salzig Obwohl man bei Knöpfles inzwischen von einer Groß-Bäckerei sprechen kann, setzt der Betrieb weiterhin konsequent auf Qualität. Für Brotsorten wie zum Beispiel das Schweizer Brot darf der Teig 48 Stunden reifen. Kuchen, Torten und süßes Kleingebäck gibt es täglich frisch und in großer Auswahl. Die Eier stammen von einem Hof vor Ort. Frühstück gibt es in vier Varianten, von süß bis herzhaft-rustikal. Ein Frühstücksbuffet wird ab 10 Personen arrangiert.

Für den größeren Appetit hat Jim Knöpfle zwei Burger-Vari-

Sauber abgeräumt – Café Knöpfle

anten zu bieten: der „Big Jim" wird mit einem Fleischküchle, der „Bähnle-Burger" mit Fleischkäse belegt. Auch Klassiker wie der Stramme Max sind im Café zu haben, ebenso Snacks wie belegte Brötchen und Salate. Auch beim Kaffee gilt: Qualität statt Allerweltsprodukt. Die Bohnen kommen von der Rösterei Dinzler in Bayern.

Land und Leute Wer eine nostalgische Fahrt mit der historischen Sauschwänzle-Bahn macht, kommt am „Jim Knöpfle" nicht vorbei. Die moderne Form fällt ebenso auf wie das üppige Angebot. Neben den Bahn-Ausflüglern sind auch Familien mit Kindern zu Gast, die von Jim Knopf und Lukas träumen. Am großen Tisch, dem sogenannten Community Table haben 10 Personen Platz, wer mag, kann dort unter Leuten sein. Der Einzugsbereich der Kundschaft reicht von Stuttgart bis hinunter in die Schweiz, darunter Stammgäste und Eisenbahnfreunde, die öfter kommen.

Einsteigen bitte! Beginn der Sauschwänzlebahn in Blumberg

Gleich nebenan Die Ende des 19. Jahrhunderts von der Großherzoglichen Badischen Staatseisenbahn erbaute Trasse der
Sauschwänzle-Bahn verbindet Blumberg-Zollhaus und Weizen. Distanz beträgt 25 km über vier Brücken und sechs Tun-
nel, bei einer Höhendifferenz von 231 Metern. Es gibt Fahrten
mit einem Wanderzug (Diesel) und mit dem Dampfzug.

Wer sich für Eisenbahngeschichte und Romantik interessiert,
dem bietet Blumberg mit dem Eisenbahnmuseum ein weiteres
Ziel. Es ist im ehemaligen Güterschuppen des Start-Bahnhofs
Blumberg-Zollhaus untergebracht. Zu sehen ist unter anderem
die Sauschwänzlebahn im Modell, auch eine original Uniform
eines Bähnlers aus der Großherzoglichen badischen Zeit.

Der Museumsbesuch ist im Fahrpreis der Bahn enthalten,
geöffnet ist das Museum zu gleichen Zeiten wie der Fahrkartenschalter (Details, Sonderfahrten: sauschwaenzlebahn.de).

Café Jim Knöpfle, Schaffhauser Straße 27, 78176 Blumberg, Tel.
07702-47 96 1 61; jim-knoepfle.de. Öffnungszeiten: Montag bis Freitag
6 - 18.30 Uhr, Samstag und Sonntag bis 17.30 Uhr.

Volles Brett – Frühstück bei Jim Knöpfle

Eine Scheune als Showroom – Kaffeemacherei

42

Kaffeemacherei

Galeriecafé in Rielasingen

Der erste Blick Von außen ist die Kaffeemacherei noch gut getarnt, wer erwartet in der Wohnstraße einer kleinen Hegau-Gemeinde schon ein Lifestyle-Café? Zunächst ist da ein weiß verputztes Haus wie alle anderen auch, mit dem kleinen Unterschied, daß ein paar Tische und Sonnenschirme auf der Terrasse vor dem Lokal stehen. Innen dann die Überraschung: ein großzügiger hallenhoher Raum mit einer Empore, zu der rechts und links eine stählerne Industriebau-Treppe führt – ein Empfang mit einer Melange aus Scheunen-Romantik und Shabby-Chic.

Ursprünglich diente das Gebäude, Baujahr 1840, als Scheune. Bruchsteinmauern, Backsteine und Holzbalken erinnern an seine rustikale Vergangenheit. Die Möblierung ist ein Stilmix aus Designer-Stühlen und Opas Ohrensessel. Dazwischen eine Dauerausstellung mit Wohndeko- und Designartikeln, Lampen und Kleinmöbeln, die alle auch zu kaufen sind.

An den Wänden werden Bilder regionaler Künstler in Wech-

Vier Etagen Glück: Eva Maria & Jens Baumgartner, Hochzeitstorte

selausstellung gezeigt. Die beiden Gastgeber Jens und Eva-Maria Baumgartner sind gastronomische Quereinsteiger, in ihrem Projekt Kaffeemacherei steckt Leidenschaft, Lebenszeit, auch einiges an Kapital. Die Ausstattung des ehemaligen Landwirtschaftstraktes von Eva-Marias Elternhaus wirkt wertig und stimmig.

Die Baumgartners ergänzen sich, Eva-Maria ist die Kreative im Hintergrund. Als ausgebildete Töpferin war der Bogen zu ausgefallenen Tortenkreationen nicht so weit. Jens, ehemals im Verkauf, ist der eher extrovertierte Typ. Er genießt seine Rolle als Gastgeber, dem es eine Freude ist, mit Besuchern ins Gespräch zu kommen. Seine Gäste sollen bei ihm zu Hause ankommen – und so haben wir uns auch gefühlt.

Nackte Wand, warme Atmosphäre – in der Kaffeemacherei

Heiß und kalt, süß und salzig Das kulinarische Angebot betont Bio- und Fair-Trade-Produkte. Wo möglich, wird regional eingekauft. Der Kaffee stammt von der Rösterei *Cafésito*, einem integrativen Betrieb aus Kißlegg im Allgäu. Verarbeitet werden dort Plantagenkaffees, viele aus ökologischem Anbau. Kaffeespezialitäten sind in großer Auswahl zu haben, sogar „Einspänner", wie man sie sonst vom Wiener Kaffeehaus kennt, gibt es im Rielasinger Atelier-Treff; für Hegauer Hipster gibt es auch Specials wie Coconut-Latte.

Alle Kuchen backt Eva-Maria selbst. Im Sommer werden täglich um die sechs, im Winter auch mal mehr als zehn Sorten angeboten; das Eis stammt von einem Bauernhof in der Nähe. Die Frühstückskarte ist üppig, sie bietet Kombis wie Schlemmer- oder Lachsfrühstück, zudem vegetarische oder vegane Varianten. Eine weitere Spezialität sind Pfannkuchen aus Bio-Dinkelmehl mit süßen und salzigen Füllungen.

Land und Leute Der Bodensee ist nicht weit, nach Moos am Untersee sind es gerade einmal acht Kilometer. Bekanntlich ist der Sommertourismus am Wasser enorm; wer genug hat vom

Café, Latte, Torte – Jens Baumgartner hat Thekendienst

Uferbetrieb und Radlerpulks, gönnt sich in der Kaffeemacherei eine Pause im Hinterland. Stammgäste machen inzwischen einen Großteil der Kundschaft aus, die treuen Besucher bilden eine regelrechte Fangemeinde. Jens' gute Laune ist ansteckend, er lebt sein Motto „Willkommen bei Freunden." Wer sich einmal auf das besondere Ambiente eingelassen hat, kommt wieder.

Das Extra Zu festlichen Anlässen produziert Eva-Maria auch spezielle Motto-Torten. Ihre fulminanten Hochzeitstorten gleichen süßen Skulpturen; dekoriert mit echten Blüten und frischen Früchten. Der Ideenschatz der Gastgeberin sorgt dafür, daß jede Festtagstorte ein Einzelstück ist – eine wie keine.

Kaffeemacherei, Hofenackerstraße 2a, 78239 Rielasingen-Worblingen, Tel. 07731-976 52 60; kaffeemacherei-rielasingen.de. Öffnungszeiten: Mittwoch, Donnerstag und Freitag 9 - 18 Uhr, Samstag und Sonntag 9 - 17 Uhr. Montag und Dienstag Ruhetag

Neue Gemütlichkeit – Klatsch in der Kaffeemacherei

Cappuccino ahoi – Plätzle Hemmenhofen

43

S' Plätzle am See 2.0

Traumort am Untersee, Gaienhofen-Hemmenhofen

Der erste Blick Die Halbinsel Höri gehört zu den reizvollsten Partien am Bodensee. Hemmenhofen reicht mit einer kleinen spitzen Nase in den Unter- oder Rheinsee, wie der westliche Zipfel des Bodensees bis Stein am Rhein genannt wird. Direkt am Ufer thront das Reich von Franziska Ehret und Corinna Blondzik-Burgo. Seit Juni 2021 sind beide Gastgeberinnen an einem zauberhaften Fleck am See, nachdem sie zuvor fünf Jahre den Hafenkiosk gleich nebenan in Gaienhofen bewirtschaftet haben. Daher auch das „2.0" hinter dem Namen ihres neuen Tagescafés.

Die einmalige Lage kann der Gast sowohl von den 25 Innen- als auch von 60 Außenplätzen auf der windgeschützten Terrasse genießen: Der Außenbereich verläuft über Eck, so blickt man im Osten auf den weiten Seespiegel und gegenüber im Süden auf den Seerücken im Schweizerischen Thurgau. Wellen schmatzen, Möwen kreischen, die Takelage der Segelboote klackert und klimpert in der Brise, wer kommt da nicht in Stimmung?

Empfangskomitee – Franziska und Corinna (v.l.n.r.)

Passend zur Lage empfängt das Plätzle mit lässiger Atmosphäre und einer Deko mit Deckslampen, Segelknoten und Blautönen – man sitzt hinter Panoramascheiben wie auf einem Schiffsdeck.

An warmen Sommertagen wird der See vollends zur Bühne, das Plätzle hat einen eigenen Bootssteg, die Anlegestelle Hemmenhofen mit ihrer langen hölzernen Seebrücke liegt gleich nebenan. Kein Wunder also, daß bei schönem Wetter im Plätzle bald kein Platz mehr ist, also unbedingt reservieren. Das gilt übrigens auch für das großartig gelegene und familiär-solid geführte Ferienhotel *Stern am See*, das direkt gegenüber der Caféterrasse liegt (haus-stern.de).

Heiß und kalt, süß und salzig Corinna ist die Kuchenbäckerin und Köchin in der Doppelspitze der Gastgeberinnen. Täglich gibt es zwischen sechs und zehn frische Kuchen und Torten. Die Himbeer-Schmand-Torte ist Corinnas Sommer-Spezialität. Für ihre Bäckerei verwendet Corinna ausschließlich das Din-

Flauschig einkehren – Plätzle am See

Die Bühne von Hemmenhofen – Plätzle am See

kelmehl „UrDinkel hell" aus der *Blattert Mühle* in Bonndorf.
Gebacken wird direkt am See und so schleicht täglich ein ver-
heißungsvoller Duft durch das Café.

Auch beim salzigen Angebot legt frau Wert auf Grundprodukte aus der näheren Umgebung. Wurst und Fleisch kommen
aus der Gaienhofer Metzgerei Böhler, Fisch von der Fischhand-
lung Riebel auf der Reichenau, Obst und Gemüse direkt von
Produzenten der Höri.

Die wöchentlich wechselnden Snacks sind den ganzen Tag
zu haben, Frühstück gibt es von neun bis zwölf Uhr, in im-
merhin acht Varianten, dazu auch jede Menge Extras wie ein
glutenfreies „Overnight-Müsli" mit Hafer und Himbeeren oder
ein Glas Brotaufstrich, wahlweise mit Feta- Lachs oder Gemü-
secreme.

Wer ein Frühstück *I feel like Lago* bestellt, darf sich auf die
regionale Spezialität „Höri Coppa" freuen. Von der Lokalsorte
„Höri-Bülle" mag der Gast schon gehört haben, die milde rote
Zwiebel gilt als landwirtschaftliches Markenzeichen der Halb-

insel, warum also nicht auch eine Höri-Coppa.

Bemerkenswert ist das breite Weinangebot im Plätzle. Hotelfachfrau Franzi stammt aus Sasbach am Kaiserstuhl, sie schätzt die Weine ihrer Heimat, auch die Bodensee-Region der Gaienhoferin Corinna ist breit vertreten. Schon als Kind besuchte Corinna mit ihrem Vater, der Lebensmittelhändler war, immer wieder Weinmessen – also bietet die Karte Gewächse vom Kaiserstuhl und von Bodensee-Weingütern wie Kress aus Hagnau oder Vollmayer, mit Lagen am Hohentwiel.

See und Leute Ein Sektfrühstück im Plätzle paßt perfekt zu einem heiteren Tag am See. Auch Schweizer Motorbootkapitäne machen gerne am hauseigenen Steg fest und genehmigen sich ein Cüpli.

Freizeitkapitänen ohne Boot (und Einkommen in Schweizer Franken) bleibt das Linienschiff. Am Hemmenhofener Pier legt drei Mal täglich die Höri-Fähre an, die zwischen Horn (D), Gaienhofen (D), Steckborn (CH) und Berlingen (CH) pendelt.

Speziell und originell – Plätzle am See

Sehr lohnend ist auch die Passage mit dem Kursschiff der Schifffahrt Untersee und Rhein (URH). Die Route führt über Stein am Rhein nach Schaffhausen und damit auch längs der einmalig naturnahen Fluß- und Auenlandschaft am Hochrhein (ca. 2 ½ h, zurück mit der Thurgauer Regionalbahn).

Gleich nebenan Kunst- und Literaturfreunde können in Hemmenhofen das Museum im ehemaligen Wohnhaus des Malers Otto Dix besuchen, der auf der kultursatten Höri 35 Jahre bis zu seinem Tod lebte. Das Gaienhofer Bauernhaus, das Hermann Hesse am Beginn seiner Untersee-Zeit bewohnte, dient heute als Hermann-Hesse-Museum. Das von Mia und Hermann Hesse neu gebaute Wohnhaus in prächtiger Lage am Erlenloh war von 1907 bis 1912 gemeinsamer Familiensitz. Die Liegenschaft mit einem nach Originalplänen angelegten Garten ist in Privatbesitz (nur auf Anfrage zu besichtigen).

S'Plätzle am See 2.0, Uferstraße 32, 78343 Hemmenhofen, Tel. 07735-938 851; splaetzleamsee.de. 9 - 18 Uhr, ab November 9 - 17 Uhr. Ruhetage am Dienstag und Mittwoch.

Text on the column in the image:

HESSE MUSEUM GAIENHOFEN

MIT NEUER DAUER-AUSSTELLUNG

GAIENHOFENER UMWEGE. HERMANN HESSE UND SEIN 1. HAUS

Künstler- und Literaturlandschaft Höri

Pfahlbautenarchäologie

Öffnungszeiten:

15. März bis 31. Oktober
Di. bis So.   10 - 17 Uhr

2. November bis 14. März
Fr. und Sa.   14 - 17 Uhr
So.   10 - 17 Uhr

Kontakt:

Gefördert durch:

Hesses erster Wohnort auf der Höri – jetzt Museum Gaienhofen

Alles, was Du brauchst, ist Liebe.
Aber ab und zu ein wenig Kuchen schadet nicht.

MARILYN MONROE

Auf den folgenden Seiten haben wir unsere ausgesuchten Cafés in drei Schubladen verteilt. Manche Häuser sind Klassiker und seit Jahr und Tag einen Besuch wert. Andere eher modern, urban, originell oder auf die eine oder anderen Art besonders anziehend. Fast die Hälfte der Adressen liegt an reizender Stelle im Südwesten und animiert somit zu Ausflug und Landpartie. Natürlich gibt es dabei Überschneidungen und Widersprüche – Cafés sind wie das Leben. Auch deshalb wird die Kaffeefahrt nie aus der Mode kommen. Und so verabschieden wir uns mit einem letzten Gedanken aus dem Vorwort: Mögen sich Ihre Begegnungen, Ausflüge und süßen Momente zu einem reichen Bild fügen.

Klassisch & gediegen

Was kann man Gutes von Leuten erwarten, die keine Zeit finden, mit Genuß zu speisen und Kaffee zu trinken.

Jean-Anthèlme Brillat-Savarin (1755 – 1826)

Café König Baden-Baden, ab S. 5

Café Bachbeck Schiltach 51

Café Mayerhöfer Furtwangen 63

Le Fournil du Marcel Kientz F-Sélestat 75

Café Sapel Königsfeld 107

Café Gmeiner Freiburg 125

Café Decker Staufen 185

Villa Berberich Bad Säckingen 223

Café Ratsstüble Waldshut 237

Café Vordergasse CH-Schaffhausen 245

Café Rohr CH-Schaffhausen 251

Modern, besonders, originell

Zuerst Kaffee. Die Welt retten wir später.

C. George

Landpartie, im Grünen

Fotos: Alle Fotos in diesem Buch stammen von Daniel Höllstin. Fotos auf S. 7 und 8: Archiv Oase Verlag.

Lektorat & Konzept: Oase Verlag, Wolfgang Abel

Bitte beachten Um Unannehmlichkeiten zu vermeiden, sollten Öffnungzeiten und Ruhetage grundsätzlich aktuell überprüft werden. Angaben in einem Buch können die flexible Praxis vieler Häuser nicht zuverlässig abbilden. Unverbindliche Hinweise finden Sie nur dort, wo sie zur Beschreibung der Art des Hauses beitragen.

Alle Angaben in diesem Buch wurden von den Autoren nach bestem Wissen erstellt und von ihnen und dem Verlag mit Sorgfalt geprüft. Inhaltliche Fehler, unzutreffende Öffnungszeiten und Adressen sind dennoch nicht auszuschließen. Daher erfolgen alle Angaben ohne Gewähr des Verlags und der Autoren. Beide übernehmen keine Verantwortung oder Haftung für etwaige Unstimmigkeiten.

Danke und Bitte Autoren und Verlag danken allen, die mit Hinweisen zu dieser Auflage beigetragen haben. Weitere Anregungen sind uns stets willkommen. Für wichtige und verwertbare Hinweise bedanken wir uns mit einem Freiexemplar aus dem Verlagsprogramm. Email an den Verlag: info@oaseverlag.de

Man tritt nicht an, um zu zeigen, ich möchte jetzt etwas für die Heimat machen. Man macht es aus einem inneren Antrieb heraus, es ist dann Heimat geworden.

KARL BRAUN, BAD SÄCKINGEN

8 REGIONEN
30 BEGEGNUNGEN

Heimatliebe
Südwesten

Jutta und Daniel Gian Piero Höllstin

Heimatliebe Südwesten

Jutta und Daniel Höllstin

240 Seiten, 21 x 28,5 cm, Fadenheftung, fester Einband.
ISBN 978-3-9819689-0-3 • 34,99 Euro

Gehen Sie mit uns auf Entdeckungsreise. 30 Begegnungen zwischen Kinzigtal und Hochrhein, Grand Ried und Wutach. Lassen Sie sich von der Liebe zur Heimat anstecken.

Was bedeutet Heimat? Wo fühlt man sich zu Hause? Sind es vertraute Menschen? Ist es die Landschaft? Mit solchen Fragen waren wir im Südwesten unterwegs. Entdeckt haben wir Menschen, die ihre Heimat lieben, die mit ganz besonderen Fähigkeiten Liebgewonnenes bewahren und Heimat für andere erlebbar machen. Einige der Portraitierten engagieren sich ehrenamtlich, bei anderen ist eine Geschäftsidee aus ihrer regionalen Verbundenheit entstanden. Allen ist gemeinsam, daß sie unsere Region prägen und zu ihrem Erhalt beitragen.

Unser Buch zeigt den Reiz einer besonderen Kulturlandschaft und es zeigt Verbindungen zwischen Landschaft, Kultur, Handwerk und Kulinarischem. Aus der Summe entsteht das Lebensgefühl der Region: Diesem Lebensgefühl geben wir mit 30 Porträts von Menschen aus dem Südwesten Gestalt.

Bestellung: heimatliebe-suedwesten.de

"Solche Reisebücher
wünscht man sich auch für andere Ziele."
GEO SAISON

„Auf krummen Touren zu kleinen Tälern
und leisem Luxus."
BADISCHE ZEITUNG über Hoch Hinaus

„Die Ernte von 30 Jahren."
DER SONNTAG über Freiburger Wunder

„Ein Genuß für alle,
denen nicht nur der Weg das Ziel ist."
BADISCHE ZEITUNG über Markgräflerland

„Ein recherchesatter Reiseführer,
der wie die meisten seiner Ziele ist – abseits der Masse."
DIE ZEIT über Lago Maggiore

„Ein sinnvolles Buch. Das ist das höchste Lob."
FRANKFURTER ALLGEMEINE über Spaniens Paradores

„Ein Plädoyer
für den kritischen Genießer."

Mit Biss geschrieben, reich illustriert, gut gebunden
Gesamtprogramm, Leseproben:

www.oaseverlag.de

© **2**. **Auflage 2022. Alle Rechte vorbehalten**
Oase Verlag
D-79410 Badenweiler
oaseverlag.de

ISBN 978-3-88922-106-3
Alle Angaben ohne Gewähr

Herstellung:
Gulde-Druck GmbH • Tübingen

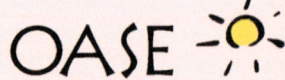